Plattform Ernährung und Bewegung e.V. (Hrsg.)
Gesunde Kita – starke Kinder!

Plattform Ernährung und Bewegung e.V. (Hrsg.)

Gesunde Kita – starke Kinder!

Methoden, Alltagshilfen und Praxistipps für die Gesundheitsförderung in Kindertageseinrichtungen

Mit Textbeiträgen von:
Heike Böhme, Klaus Bös, Heike Beckel, Mechtild Budéus, Christoph Büchner, Mirko Eichner, Anita Fischl, Dorle Grünewald-Funk, Ruth Hammerbacher, Mandy Hennig, Claudia Kortenbruck, Susanne Krug, Andrea Lambeck, Antje Meißner-Trautwein, Elke Opper, Karin Orth-Hesener, Sonja Quante, Ilka Pfütze, Mirjam Prüver, Eva Reichert-Garschhammer, Renate Schnell, Wolfgang Tietze, Ulrike Ungerer-Röhrich, Sabina Wesling, Susanne Wolf

peb
plattform
ernährung und
bewegung e.v.

Cornelsen

Bei Fragen und Anregungen wenden Sie sich bitte an unsere Berater:
Marketing, 14328 Berlin, Cornelsen Service Center,
Servicetelefon 030 / 89 785 89 29

Weitere Informationen finden Sie im Internet unter:
www.cornelsen.de/fruehe-kindheit

Bibliografische Information: Die Deutsche Bibliothek verzeichnet diese Publikation in der Deutschen Nationalbibliografie; detaillierte bibliografische Daten sind im Internet über http://dnb.ddb.de abrufbar.

1. Auflage 2011

Lektorat: Christiane Emmert, München
Herstellung: Uwe Pahnke, Berlin
Satz: Markus Schmitz, Büro für typographische Dienstleistungen, Altenberge
Umschlaggestaltung: Hans Brassat, Berlin
Titelfotografie: Monika Adamczyk, fotolia.com, Berlin
Fotos: Matthias Martin, www.matthiasmartin.de, Berlin
Druck und Bindung: CPI – Clausen & Bosse, Leck

Printed in Germany

ISBN 978-3-589-24708-0

Inhalt

Grußwort 9
Bundesministerin für Ernährung, Landwirtschaft und Verbraucherschutz Ilse Aigner

Vorwort 11
Aloys Berg

Einführung: Aus der Praxis für die Praxis 13
Andrea Lembeck

1 Basiswissen 16

Gesund aufwachsen 16
Dorle Grünewald-Funk

Essen und Trinken – Gesundheit und Lernen im Alltag 19
Dorle Grünewald-Funk

Bewegung als Schlüssel zur gesunden Entwicklung 23
Susanne Krug und Klaus Bös

Entspannung in der Kita 30
Sonja Quante und Susanne Wolf

Stärken stärken – Schatzsuche in der Kita 36
Ulrike Ungerer-Röhrich, Ines Eisenbarth, Verena Popp, Sonja Quante, Susanne Wolf

Elternhaus und Kita Hand in Hand – Partnerschaft für ein gesundes Aufwachsen 42
Mirko Eichner

Gesundheitsförderung in den Bildungsplänen 53
Eva Reichert-Garschhammer

2 Das Projekt „Gesunde Kitas – starke Kinder" 67

Was ist und was kann Coaching in der Kita? 67
Antje Meißner-Trautwein und Ruth Hammerbacher

Projektbeschreibung „Gesunde Kitas – starke Kinder" 69
Ilka Pfütze, Sabina Wesling und Ruth Hammerbacher

Gesundheitsförderung – ein Thema mit vielen Facetten 82
Marfa John

„Kita-Frühling" Halle 87
Antje Meißner-Trautwein und Ruth Hammerbacher

Zusammen, individuell, schrittweise zum Erfolg – Ein persönlicher Rückblick auf zwei Jahre Projektverlauf 93
Ilka Pfütze

Ergebnisse der wissenschaftlichen Begleitung von „Gesunde Kitas – starke Kinder" 99
Wolfgang Tietze

Ausblick 103
Andrea Lambeck und Mirko Eichner

3 Aus der Praxis für die Praxis 106

Gesundheitsförderung in der Kita entwickeln – so geht es 106

Essen und Trinken in der Kita 111

Bewegungsfreundliche Kita 130

Entspannter Kita-Alltag – so geht es 142

Zusammenarbeit mit den Eltern – der Gesundheitsdialog 150

Strukturen und Teamentwicklung 158

Literatur 168

Lesetipps 172

Service 172

Verzeichnis der Autorinnen und Autoren 173

Grußwort

Ilse Aigner

Liebe Leserinnen und Leser,

alle Eltern wünschen sich gesunde und starke Kinder. Sie sollen in einer behüteten Lebenswelt groß werden. Für diese Entwicklung tragen wir gemeinsam Verantwortung. Damit unsere Kinder groß und stark werden, müssen wir sie von Anfang an an einen gesunden Lebensstil mit ausgewogener Ernährung, viel Bewegung und zugleich Entspannung heranführen.

Im Kindergarten können die Kleinen Schritt für Schritt und mit viel Spaß erleben, was gesunde Ernährung ist. In der Kita spielen, essen und trinken Kinder verschiedener Herkunft gemeinsam. Sie lernen voneinander und profitieren von unterschiedlichen Erfahrungen. Wenn Eltern, Erzieherinnen und Erzieher zudem einen gesunden Lebensstil vorleben, dann werden auch die Kinder daran Gefallen finden.

Genau hier setzt das Projekt „Gesunde Kitas – starke Kinder“ der Plattform Ernährung und Bewegung (peb) an. Sehr gerne habe ich für die Pilotphase die Schirmherrschaft übernommen. Gemeinsam mit dem Bund für Lebensmittelrecht und Lebensmittelkunde und seinen Mitgliedern haben wir dieser Initiative finanziell unter die Arme gegriffen. Die Plattform Ernährung und Bewegung wiederum hat mit den Verantwortlichen vor Ort individuelle und praktikable Lösungen entwickelt. Denn in den Kindertagesstätten möchten wir dauerhaft die Ideen eines gesunden Lebensstils verankern.

Dieses Buch berichtet von Erfahrungen und Erlebnissen auf dem Weg zur „gesunden Kita“. Anhand von Beispielen und praktischen Tipps geben die

Autoren Anregungen für den gesunden Kita-Alltag. Dabei lenken sie den Blick insbesondere auf die Entwicklung gesundheitsfördernder Strukturen. Verständliche und alltagsnahe Beiträge vermitteln zudem Informationen und Hintergrundwissen. Suchen Sie sich die passenden Ratschläge heraus und passen Sie sie an Ihre individuelle Situation an!

Ich wünsche Ihnen allen viel Kraft und Erfolg bei Ihrem Einsatz für eine gesunde Kita – und für eine starke Zukunft unserer Kinder!

Ilse Aigner

Bundesministerium für Ernährung, Landwirtschaft und Verbraucherschutz

Vorwort

Aloys Berg

Ein gesunder Lebensstil von Kindheit an ist die beste Voraussetzung, um Übergewicht vorzubeugen. Dazu zählen ausgewogenes Essen und Trinken ebenso wie viel Bewegung und Entspannung. So weit, so einfach, so bekannt!

Mit diesen banalen Hinweisen lässt sich aber ein gesunder Lebensstil im Kita-Alltag nicht umsetzen. Das Thema Gesundheit ist in den meisten Einrichtungen nur ein Thema unter vielen, wie z. B. naturwissenschaftliche Inhalte, musikalische Früherziehung oder Sprachförderung. Zudem sind die zeitlichen, personellen, räumlichen und finanziellen Ressourcen begrenzt, so dass die Gesundheitsförderung im Kita-Alltag oft zu kurz kommt. In vielen Fällen versuchen die Kitas sich deshalb mit scheinbar einfachen und nach außen sichtbaren Lösungen zu behelfen. Aber der Verzicht auf den Geburtstagskuchen, die eine Stunde in der Turnhalle oder der externe Yogatrainer machen noch keine gesunde Kita aus. Vielmehr geht es darum, den gesundheitsfördernden Alltag und seine Strukturen nachhaltig zu stärken. Die Lösungen dazu sind oft verblüffend einfach – davon handelt dieses Buch.

Die Plattform Ernährung und Bewegung e. V. (peb) als InitiatorIn des Projektes „Gesunde Kitas – starke Kinder“ hat sich der Vorbeugung von Übergewicht bei Kindern verschrieben. Für das Ansteigen des Übergewichts ist vor allem ein veränderter Lebensstil verantwortlich, durch den das Verhältnis zwischen Energiezufuhr und Energieverbrauch aus dem Gleichgewicht geraten ist. Geringe Bewegung im Alltag, unreflektiert vermitteltes Ernährungs- und Erziehungsverhalten der Eltern oder geringe Kenntnisse über Grundlagen der Ernährung sind nur einige der Ursachen. Vereinzelte Maßnahmen haben damit kaum Aussicht auf Erfolg.

Daher arbeitet peb im Projekt „Gesunde Kitas – starke Kinder“ ganzheitlich und stellt die Ausrichtung auf die Situation vor Ort sowie die Verankerung in den Alltag in den Mittelpunkt ihrer Arbeit. Wir wollen den pädagogischen Fachkräften helfen zu erkennen, dass Gesundheitsförderung gleichzeitig auch Bildungsförderung sein kann: Beim Backen und Kochen lassen sich physikalische Vorgänge beobachten, Obstschneiden fördert die Feinmotorik und Entspannungsübungen stärken die Konzentrationsfähigkeit – um nur einige Beispiele zu nennen.

An dieser Stelle möchte ich Andrea Lambeck, Mirko Eichner und Dorle Grünewald-Funk für die Konzeption des Buches danken.

Wenn wir es mit diesem Buch schaffen, Ihnen kleine Tipps und Hilfen für den gesunden Kita-Alltag zu geben oder Sie mit unserer ganzheitlichen Philosophie anstoßen können, Ihren Alltag hinsichtlich der Gesundheitsförderung zu durchdenken, ist das für peb ein voller Erfolg. Weitere Anregungen, Arbeitshilfen und Materialien finden Sie im Kita-Bereich auf unserem Internetportal www.ernaehrung-und-bewegung.de.

Einführung: Aus der Praxis für die Praxis

Andrea Lambeck

In Deutschland sind rund 1,9 Millionen Kinder und Jugendliche übergewichtig. Damit ist die Zahl der übergewichtigen Kinder und Jugendlichen in den letzten 15 Jahren um die Hälfte gestiegen. Der Prävention im frühen Kindesalter kommt eine Schlüsselrolle zu, um dieser Entwicklung entgegenzuwirken, denn übergewichtige Kinder tragen ein hohes Risiko auch übergewichtige Erwachsene zu werden.

Im Kita-Bereich können Präventionsmaßnahmen zur Förderung eines gesunden Lebensstils langfristige Wirkungen für den gesamten Lebenslauf der Kinder entfalten. Hier werden nahezu alle Kinder erreicht und frühzeitig und unmittelbar Impulse für den Ernährungs- und Bewegungsalltag der Kinder gesetzt. Mit dem Projekt „Gesunde Kitas – starke Kinder" engagiert sich die Plattform Ernährung und Bewegung e. V. (peb) für eine ganzheitliche Gesundheitsförderung, die gleichzeitig die Bildungs- und Entwicklungsprozesse der Kinder stärkt.

Bei peb haben sich die entscheidenden Akteure aus Politik, Wirtschaft, Sport, Elternschaft und Ärzten zusammengeschlossen. Mit über 100 Partnern bildet peb das europaweit größte Netzwerk zur Vorbeugung von Übergewicht bei Kindern und Jugendlichen. Alle Mitglieder setzen sich aktiv für eine ausgewogene Ernährung und für mehr Bewegung als wesentliche Bestandteile eines gesundheitsfördernden Lebensstils von Kindern und Jugendlichen ein.

Während der ca. 1,5-jährigen Pilotphase des Projekts „Gesunde Kitas – starke Kinder" baute peb auf vorhandenen Strukturen auf und unterstützte Kindertageseinrichtungen (Kitas) in Bielefeld, Mülheim an der Ruhr, der Region Augsburg und München sowie in Halle an der Saale darin, einen Schwerpunkt ihrer Arbeit auf die Gesundheitsförderung auszurichten und die Themen Ernährung, Bewegung und Entspannung sowie Gesundheitsdialog mit den Eltern nachhaltig im Alltag der Kitas zu verankern. Dabei erarbeitete jede Kita gemeinsam mit einem peb-Kita-Coach ein individuelles Konzept mit klar definierten Projektzielen. Ein Coach stand während der Einführungsphase regelmäßig mit den Kitas im persönlichen Kontakt und unterstützte sie aktiv.

Auf der Grundlage der Ergebnisse und Erkenntnisse der Pilotphase des Projekts „Gesunde Kitas – starke Kinder“ entstand dieses Buch. Das Buch soll als Arbeitshilfe aus der Praxis für die Praxis dienen. Dafür wurde das Prinzip der„Geschichten aus der Praxis“ gewählt. Im gesamten Buch sind Umsetzungsbeispiele aus der Praxis zu finden, in denen die peb-Coaches und die beteiligten pädagogischen Fachkräfte ihre „Geschichten“ aus der gesunden Kita erzählen. Mit dieser Methode knüpft das, was wir vermitteln wollen, an die Alltagserfahrungen der Leser an – denn dieses Buch ist für den Einsatz in der pädagogische Praxis gemacht. Darüber hinaus beinhaltet das Buch eine ausführliche Beschreibung des Projekts „Gesunde Kitas – starke Kinder“ und liefert Hintergrundinformationen u. a. zu den Themen Gesundheit und Bildung, Professionalisierung, Essen und Trinken, Bewegung und Entwicklung, Entspannung, Schatzsuche in der Kita sowie Gesundheitsförderung und Bildungspläne. Wobei auch hier die Anwendung dieses Hintergrundwissens für die Aufgaben in der Kita im Mittelpunkt steht.

An dieser Stelle möchte ich allen Autoren danken, die sich mit ihrem Wissen und ihren Erfahrungen eingebracht haben – zum Großteil honorarfrei und in ihrer Freizeit! Dorle Grünewald-Funk möchte ich insbesondere für die Redaktion und Koordination des vorliegenden Buches danken. Auch allen Beteiligten am Projekt „Gesunde Kita – starke Kinder“ sei an dieser Stelle noch einmal herzlich gedankt. Ohne das ebenfalls oft in der Freizeit aufgebrachte Engagement der pädagogischen Fach- und Leitungskräfte und die Bereitschaft auch lang Bewährtes zu hinterfragen, hätte mit dem Projekt „Gesunde Kitas – starke Kinder“ nicht ein solches funktionierendes „Gute-Praxis-Modell“ geschaffen werden können. Namentlich möchte die Plattform Ernährung und Bewegung sich noch einmal bei den peb-

Coaches Ilka Pfütze, Sabina Wesling und Antje Meißner-Trautwein sowie für die Projektsteuerung bei Ruth Hammerbacher bedanken.

Abschließend noch der Hinweis darauf, dass wir aufgrund der Vielzahl unterschiedlicher Autoren, auf die Vereinheitlichung bei der Nennung der Geschlechtsformen verzichtet haben. Trotz der Mehrheit der weiblichen Mitarbeiter in den Kitas gilt, sowohl für die weibliche als auch die männliche Form, dass das jeweils andere Geschlecht eingeschlossen ist, ohne dass dieses immer explizit genannt wird.

1 Basiswissen

Gesund aufwachsen

Dorle Grünewald-Funk

Der Grundstein für Gesundheit wird in jungen Jahren gelegt. Ist ein Kind gesund, dann entwickelt es sich körperlich und geistig gut und kann mit Neugier seine Umwelt erkunden, erleben und erfahren. Ausgewogene, kindgerechte Ernährung, vielseitige Bewegung und ausreichend Möglichkeiten zur Entspannung – das sind die drei Säulen, die es für ein gesundes Aufwachsen braucht.

„Machen wir schon alles", sagen die meisten pädagogischen Fachkräfte mit Blick auf ihre Kita. Aber stimmt das auch? Themen wie gesunde Ernährung, Zähneputzen oder regelmäßiges Händewaschen sind tatsächlich pädagogischen Fachkräften und Trägern von Kindertageseinrichtungen nicht völlig neu, sondern meist gelebte Routine im Kita-Alltag. Neu ist aber die Bedeutung dieser Themen. Viel hat sich in der Kita in den letzten Jahren verändert: Die Öffnungszeiten sind verlängert, Mittagsverpflegung ist eher die Regel als die Ausnahme und immer öfter werden Kinder unter drei Jahren aufgenommen. Die Kinder bewegen sich im Alltag weniger und immer häufiger leiden sie schon unter Übergewicht.

Gesunder Lebensstil – früh geprägt

„Was Hänschen nicht lernt, das lernt Hans nimmermehr" – ein altes Sprichwort, das für das Thema „gesunder Lebensstil" hochaktuell ist. Ob ein Mensch sich gerne bewegt, gerne Gemüse isst oder Milch trinkt, das entscheidet sich sehr früh im Leben. Einmal geprägte Gewohnheiten bleiben meist bis ins hohe Lebensalter erhalten. Offen für prägende Erfahrungen sind Kinder ungefähr bis zum Grundschulalter. Deshalb kommt den frühen Jahren in puncto gesundem Lebensstil große Bedeutung zu. Und weil die Kinder in diesen frühen Jahren immer mehr Stunden in Kindertageseinrichtungen verbringen, wächst die Bedeutung des Themas Gesundheitsförderung und Gesundheitsbildung in den Einrichtungen.

Was ist Gesundheit, was ist Krankheit? Die Weltgesundheitsorganisation (WHO) definiert Gesundheit als einen Zustand körperlichen, geistigen und sozialen Wohlbefindens. Doch wann setzt Krankheit ein? Ein Kind mit einer Lebensmittelallergie ist krank, jedoch merkt es von seiner Krankheit normalerweise wenig, wenn es sich an eventuelle Einschränkungen bei der Lebensmittelauswahl hält. Deshalb geht die Gesundheitsförderung davon aus, dass die Übergänge von Gesundheit zu Krankheit fließend sein können. Dies ist das Konzept der so genannten Salutogenese. Entscheidend für das persönliche Wohlbefinden ist die Balance zwischen Risiko- und Schutzfaktoren, die einen Einfluss auf die Gesundheit nehmen. Ein Mensch befindet sich in einem gesunden Gleichgewicht, wenn es ihm gelingt, auf die vielen körperlichen, geistigen oder sozialen Anforderungen mit Hilfe gut ausgebildeter persönlicher Ressourcen zu reagieren. Persönliche Ressourcen eines allergiekranken Kindes können das Wissen sein, welche Lebensmittel es nicht verträgt, und die Erfahrung, dass es einen juckenden Hautausschlag bekommt, wenn es die Lebensmittel dennoch isst.

Stärken stärken

Die Prinzipien der Gesundheitsförderung sind eigentlich essenzieller Bestandteil moderner Frühpädagogik und in vielen Bildungs- und Erziehungsplänen für den Elementarbereich als Ziel „Stärkung der Resilienz" festgeschrieben. In der Kita gilt es, „Stärken zu stärken".

Gesundheitsförderung in der Kita und die modellhafte Umsetzung des Themas im Projekt „Gesunde Kitas – starke Kinder" setzen an diesem Punkt des positiven Konzepts von Gesundheit an. Neben den Aspekten ausgewogene Ernährung, körperliche Bewegung und seelisches Wohlbefinden, die die Wegbereiter eines gesunden Aufwachsens in einer Kindertagesstätte bilden, werden die Lebens- und Arbeitsbedingungen in der Einrichtung berücksichtigt. Nicht nur die Mädchen und Jungen sollen in ihren Stärken gefördert werden, sondern auch alle anderen Menschen, die täglich in der Kita ein- und ausgehen, also Erzieher, Eltern, Großeltern oder Geschwister.

Wie dies gelingen kann, zeigen wir in diesem Handbuch. Neben Basiswissen zu allen Themen der Gesundheitsförderung bietet es vielfältige Einblicke in das Projekt „Gesunde Kitas – starke Kinder". Auch das dort verwendete „Handwerkszeug" wie Checklisten, Reflexionsfragen und Übungen findet sich hier. Und schließlich berichten Kolleginnen und Kollegen aus den Kitas, die Gesundheitsförderung in ihren Einrichtungen eingeführt haben, von ihren Erfahrungen.

Essen und Trinken – Gesundheit und Lernen im Alltag

Dorle Grünewald-Funk

Miteinander und oft in interkulturellem Rahmen lernen Kinder in der Kita eigenverantwortliches und genussvolles Essen und Trinken. Sie müssen lernen, selbstständig aus einem breiten Angebot von Lebensmitteln auszuwählen. Dabei haben die Kita und die dort tätigen Fachkräfte, natürlich ebenso wie das Elternhaus, einen wichtigen Einfluss auf die späteren Essgewohnheiten der Kinder. Denn Essgewohnheiten werden wie erwähnt früh geprägt.

Essen und Trinken liefern Energie sowie lebensnotwendige Nährstoffe wie Eiweiß, Vitamine und Mineralstoffe. Essen und Trinken sind also die Basis zum gesunden Aufwachsen. Gleichzeitig sind Lebensmittel und der Umgang mit ihnen ein spannendes Lernfeld. Sie können mit Augen, Nase, Mund, Händen und Ohren erfahren werden – ein Fest für alle Sinne. Ein knurrender Magen oder eine trockene Zunge und die Zufriedenheit nach einer sättigenden Mahlzeit sind wichtige Körpersignale. Essen und Trinken ist aber auch ein sozialer Prozess. Wir treffen uns zu einer Mahlzeit an einem schön gedeckten Tisch, reden und feiern miteinander – alles Dinge, die der Seele gut tun (Grünewald-Funk 2010).

Lebensmittelangebot – das braucht der Körper

Ausgewogen und vielseitig, so sollte ein gesundes Lebensmittelangebot für Kinder im Kindergartenalter sein. Das ist einfacher als man denkt. Es gibt nur einige wenige Dinge zu beachten (Grünewald-Funk 2010; Düngenheim 2007):

- Zu jeder Mahlzeit und zwischendurch: energiearme Getränke
- Mehrmals täglich: Getreide, Gemüse, Obst und Milch(-produkte)
- Mehrmals wöchentlich: Fleisch, Wurst, Fisch oder Eier
- Täglich: wenig Fett in guter Qualität

Trinken ist für Kinder im Kindergartenalter besonders wichtig. Deshalb sollten Kinder jederzeit Gelegenheit haben, ihren Durst zu löschen. An heißen Sommertagen oder bei intensiver Bewegung brauchen Kinder fast doppelt so viel Flüssigkeit wie sonst. Da Kinder im Spiel häufig das Trinken vergessen, sollten Getränke zu den Mahlzeiten gereicht werden und ein gut erreichbarer Getränketisch sollte im Gruppenraum oder an anderer zentraler Stelle vorhanden sein. Hilfreich ist auch die Erinnerung ans Trinken: „Wir machen jetzt eine Trinkpause!“

Mehrmals täglich Gemüse, Obst, Getreideprodukte, Hülsenfrüchte sowie Milch und Milchprodukte liefern lebensnotwendige Nährstoffe und Energie. Sie machen satt und leistungsfähig. Gemüse und Obst sollten zu jeder Mahlzeit auf dem Tisch stehen. Mundgerecht geschnitten, knackig und roh – das mögen Kinder am liebsten. Auch „Gemüsemuffel“ lassen sich überzeugen, wenn sie selbst schneiden und mitmachen dürfen. Das Mitmachen schult zugleich die Feinmotorik und Kinder lernen die Vielfalt des Gemüse- und Obstangebots kennen. Auch das breite Angebot von Brotsorten und Getreideflocken ist spannend für Erkundungen. Ein Müsli aus Haferflocken, Obst, Rosinen und Nüssen schmeckt besonders gut, wenn die Kinder es selbst mixen dürfen.

Mehrmals wöchentlich ergänzen eiweißreiche Lebensmittel wie Fisch, Eier, Fleisch und Wurst den Speiseplan. Sie liefern neben hochwertigem Eiweiß blutbildendes Eisen und Vitamin B12 sowie Zink für starke Abwehrkräfte. Vor allem Seefisch ist gut für Kinder, denn er enthält wertvolles Jod und lebenswichtige Omega-3-Fettsäuren.

Täglich, jedoch sparsam und mit hoher Qualität – so sollte Fett eingesetzt werden. Denn einerseits braucht der Körper kleine Mengen an lebenswichtigen Fettsäuren, andererseits liefert Fett viele Kalorien. Hochwertige

Fette sind pflanzliche Öle wie Raps-, Sonnenblumen- und Olivenöl. Sparsam sollten dagegen gesättigte Fettsäuren aus Fleisch, Eiern oder Butter aufgenommen werden.

Bewusst genießen sollten Kinder süße Leckereien. Wenn Kinder lernen, ihren Hunger mit ausgewogenen Mahlzeiten zu stillen und sich ausreichend zu bewegen, können sie auch dem gelegentlichen Appetit auf Süßigkeiten nachgeben. Wichtig dabei: Langsam und bewusst genießen (Düngenheim 2007).

Verpflegungsangebot und Ernährungsbildung gehen Hand in Hand

Ernährungsbildung ist ein elementarer Bildungsprozess, der in allen erdenklichen Alltags-Situationen einer Kita angestoßen wird. Denn Essen und Trinken gehören zum Alltag. Anregungen bieten die Mahlzeiten, ihre Bestandteile, ihre Zubereitung, die Rahmenbedingungen während einer Mahlzeit, also Regeln für das Miteinander bei Tisch, oder das tägliche Getränkeangebot in einer Kita. Die Fragen der Kinder wie:

- „Warum soll ich trinken?"
- „Wo kommt das Essen/das Lebensmittel her?"
- „Wie wird es zubereitet?"
- „Was tut meinem Bauch/meinem Körper gut?"
- „Essen alle Menschen mit Messer und Gabel?"

ermöglichen es pädagogischen Fachkräften im Sinne der Ernährungsbildung zu agieren. Dazu gibt es in der Kita zahlreiche praktische Ansatzpunkte und Möglichkeiten:

Die Vielfalt der Lebensmittel entdecken Kinder durch Probieren. Alle Sinne werden dabei angesprochen und geschult: riechen, sehen, hören, fühlen, schmecken. In der Kita ergänzen Kinder die Palette der ihnen bekannten Lebensmittel und erweitern durch das gemeinsame Probieren mit anderen Kindern ihren Geschmackssinn.

Regelmäßige Tagesabläufe, Rituale und Routinen werden für die Gesundheitsförderung als zunehmend wichtig erkannt. Die wichtigste vermeidbare Gesundheitseinschränkung bei Kindern ist Übergewicht durch falsche Ernährung und Bewegungsmangel (BMG 2010). Ein geregelter Tagesablauf, Rituale und Routinen schützen vor Übergewicht. Regelmäßige gemeinsame Mahlzeiten gehören dazu – in der Familie wie auch in der Kita, vor allem das Frühstück (Settertobulte 2010). Feste Essenszeiten und Abläufe wie Tischdecken, Hände waschen, gemeinsames Essen und Abräumen, geben Kindern einen festen Rahmen, an dem sie sich orientieren können. Gleichzeitig stärken sie ihr Sozialverhalten und bauen ihre Selbstständigkeit aus. Regeln und die richtigen Rahmenbedingungen für die gemeinsamen Mahlzeiten schafft das pädagogische Team. Seine erzieherische Begleitung bei Tisch stärkt die Kinder bei der selbstständigen Auswahl von Lebensmitteln, beim Probieren neuer Speisen, im Umgang mit Geschirr und Besteck und vielem mehr. Tischsitten und ein einladendes Ambiente machen die Mahlzeiten für alle zu einem angenehmen Erlebnis.

Unterschiedliche kulturelle und regionale Hintergründe der Kinder zeigen sich auch in unterschiedlichen Essgewohnheiten. Andere Kulturen haben andere Bräuche, wie das Essen mit Stäbchen oder den Fingern, kennen besondere Lebensmittel, Rezepte und Gewürze. Dies bietet vielfältige Anlässe, um mit Kindern ins Gespräch zu kommen und Wertschätzung für ihre Herkunft zu signalisieren. Auch die Verknüpfung mit verschiedenen Bildungsbereichen gelingt leicht, z. B. „Wie heißt Brot in deiner Sprache?".

Ballaststoffe halten gesund und die Verdauung in Schwung

Ballaststoffe sind wertvolle Helfer zur Gesunderhaltung. Sie sättigen gut, halten die Verdauung in Schwung und schützen vermutlich sogar vor Krebserkrankungen. Vollkornbrot, Getreideflocken, Brötchen aus dunklen Mehlen, Hülsenfrüchte, Vollkornnudeln, Naturreis, Kartoffeln, Gemüse und Obst enthalten besonders viel davon. Sollten Kinder in der Kita erstmalig Kontakt mit ballaststoffreichen Lebensmitteln haben, dann empfiehlt es sich, sie Schritt für Schritt daran zu gewöhnen. Bei anfänglicher Ablehnung können beispielsweise Vollkornnudeln mit hellen Nudeln gemischt angeboten werden. Bunte Hülsenfrüchte (z.B. rote Kidneybohnen) sehen nicht nur hübsch aus in einem Salat, die Hürde zum ersten Versuchen ist auch niedriger als bei einem kompletten Bohnengericht. Bei Brot und Brötchen bietet sich Abwechslung an: Mehrkornbrot, Vollkornbrot aus fein gemahlenem Mehl und, und, und...

Bewegung als Schlüssel zur gesunden Entwicklung

Susanne Krug und Klaus Bös

Kinder haben von Geburt an einen natürlichen Bewegungsdrang. Durch ihre Bewegungen erfahren und begreifen sie sich und ihre Umwelt. Dabei sind Kognition, Emotion und Motorik eng miteinander verknüpft. Bewegungen im Sinne von Bewegungshandlungen sind daher viel mehr als nur Ortsveränderungen eines Körpers und haben einen hohen Stellenwert für die Gesamtpersönlichkeitsentwicklung eines Kindes. Schon Piaget (1991) und Kiphard (1989) haben diese Zusammenhänge betont und eine ganzheitliche Betrachtung der Entwicklung befürwortet. Wir sprechen heute auch von Begreifen durch Greifen, um diese Bedeutung von Bewegung für die kindliche Gesamtentwicklung deutlich zu machen.

Bedeutung der Bewegung für die kindliche Entwicklung

Für die kindliche Entwicklung sind Bewegung und Sport von großer Bedeutung – vor allem für die motorische, aber auch für die Persönlichkeitsentwicklung. Bewegung ist die Grundlage einer gesunden menschlichen Entwicklung. Kleinkinder lernen ihren Körper durch Bewegung kennen.

Am Anfang sind ihre Bewegungen noch eckig und unkoordiniert. Nach der Grobmotorik entwickelt sich die Feinmotorik, die Bewegungen werden runder und das Kind kann sie gezielter steuern. Kinder lernen nicht nur ihren Körper, sondern auch ihre Umgebung durch Bewegung kennen. Sie ertasten Gegenstände und deren Oberflächen und erfahren durch wiederholte Handlungen praktische physikalische Gesetze („Wenn ich meinen Becher vom Tisch stoße, fällt er hinunter und mein Getränk läuft aus."). Durch ihre (wiederholten) Bewegungen verbessern sie ihre elementaren Fertigkeiten. Später im Vorschulalter erweitert sich das Bewegungsverhalten durch sportliche Erfahrungen. Diese werden beim Bewegen mit Gleichaltrigen, Erziehungspersonen oder Eltern ergänzt durch das Erleben von Emotionen und verschiedenen sozialen Schlüsselkompetenzen (z.B. sich absprechen und Absprachen einhalten, Konflikte lösen, kommunizieren, anderen helfen und Hilfe annehmen, eigene körperliche Stärken und Grenzen erfahren). „Das Kindesalter ist eine Zeit rasanter Entwicklung. Es ist gekennzeichnet durch eine fortschreitende, starke Ausdifferenzierung der kindlichen Persönlichkeit im motorischen, kognitiven, motivationalen und sozialen Bereich." (Rethorst et al. 2008)

Bewegungsaktive Kinder schneiden hinsichtlich der Gesundheitsindikatoren besser ab, insbesondere in den Bereichen Fitness, gesundheitliches Wohlbefinden sowie sozialer Rückhalt. Zudem weisen sie in einigen Bereichen weniger körperliche Beschwerden auf. Dies zeigte die Arbeitsgruppe von Sygusch, Brehm und Ungerer-Röhrich 2003 anhand repräsentativer Forschungsstudien. Tabelle 1.1 fasst zusammen, auf welchen Ebenen Bewegung für eine gesunde Entwicklung im Kindesalter von Bedeutung ist.

Körperliche Entwicklung	• Entwicklung des Bewegungsapparates, Entwicklung der Sinnesorgane, Entwicklung des Nervensystems, Förderung des Haltungsbewusstseins, Förderung des Herz-Kreislaufsystems, Förderung des Atmungssystems, Stabilisation des Immunsystems, Steigerung der Leistungsfähigkeit
Motorische Entwicklung	• Körper- und Bewegungserfahrungen, Wahrnehmung und Koordination, Entwicklung von Bewegungsformen, Realistische Einschätzung eigener Fähigkeiten, Belastungsempfinden – Entspannung
Psychosoziale Entwicklung	• Vermittlung von Gefühlen wie Freude und Grenzen, Entwicklung von Selbstständigkeit, Selbstvertrauen, soziales Miteinander, soziale Kompetenz, Stressbewältigung
Kognitive Entwicklung	• (Be)greifen von Zusammenhängen, Unterstützung des ZNS, Aufmerksamkeit/Lernfähigkeit, Sprachentwicklung, räumliche und zeitliche Vorstellung

Tab. 1.1: Die Entwicklungsebenen, auf die sich Bewegung positiv auswirkt (nach Dordel/Kunz 2005)

Bereits in den 90er Jahren wurden Aktivitätsrichtlinien für Kinder und Jugendliche entwickelt. Die Weltgesundheitsorganisation (WHO 2008) empfiehlt eine tägliche Bewegungszeit von mindestens 60 Minuten mit moderater oder hoher körperlicher Aktivität. Damit sind ab dem Vorschulalter körperliche Aktivitäten gemeint, die Auswirkungen auf das Herz-Kreislauf-System der Kinder haben, sie zum Schwitzen bringen und ihren Puls erhöhen. Mit dieser Richtlinie will die WHO eine normale Entwicklung von Kindern und Jugendlichen gewährleisten und gesundheitliche Effekte erzielen.

Forschungsergebnisse zum aktuellen motorischen Entwicklungsstand

Die durch die WHO aufgestellte Aktivitätsrichtlinie erfüllen lediglich 31,9 Prozent der vier- bis fünfjährigen Kinder in Deutschland (Bös et al. 2009). 35,4 Prozent der Jungen und nur 28,4 Prozent der Mädchen erreichen diesen empfohlenen Mindestumfang an 60-minütiger körperlich-sportlicher Aktivität pro Tag. Dies zeigen Forschungsergebnisse des Motorik-Moduls, das im Rahmen des Kinder- und Jugendgesundheitssurveys (KiGGS) des Robert Koch-Instituts in Berlin (RKI) durchgeführt wurde. Es sind dies die ersten repräsentativen Daten zum Bewegungsverhalten und zur Motorik von Kindern und Jugendlichen in Deutschland.

Auch wenn laut Motorik-Modul (Bös et al. 2009) heute 52,1 Prozent der vier- bis fünfjährigen Kinder für 1,5 Stunden pro Woche im Sportverein körperlich aktiv sind, kann die mangelnde Alltagsbewegung dadurch offensichtlich nicht ausgeglichen werden. Eine Vielzahl an Studien belegt, dass sich die motorische Leistungsfähigkeit von Kindern in den letzten Jahren um rund 10 Prozent verschlechtert hat (Bös 2003; Dordel 2000, Gaschler 1999, 2000, 2001; Rethorst 2003) und der Anteil an übergewichtigen und adipösen Mädchen und Jungen gestiegen ist (Wabitsch 2004).

Entstehung und Folgen von Bewegungsmangel

Der natürliche Bewegungsdrang der Kinder wird in der heutigen bewegungsarmen Gesellschaft oft vernachlässigt, etwa durch Zeitmangel, oder durch Warnungen vor Gefahren stark eingeschränkt. Im Alltag legen die Kinder die länger gewordenen Wege zwischen Kita, Verein, Musikschule und Freunden oft passiv im Auto zurück. Bebaute Grundstücke verhindern das freie Spielen um die Ecke, und Spielplätze an befahrenen Straßen scheinen zu gefährlich, um Kinder dort unbeaufsichtigt spielen zu lassen. Für solche Aufsichten haben manche berufstätigen Elternpaare wenig Zeit. Die Kinder beschäftigen sich im Alltag deshalb oft im eigenen Heim mit Spielgeräten oder dem Fernseher. Diese haben in unserer Informations- und Unterhaltungsgesellschaft an Attraktivität gewonnen und sind für heutige Kinder anziehender als selbst erfundene bewegungsaktive Spiele mit Freunden im Freien, die früher die Hauptfreizeitbeschäftigung im Kindesalter darstellten.

Bewegungsmangel bremst die motorische Entwicklung und führt zu mangelnder Fitness. Durch fehlende Fertigkeiten verlieren die Kinder ihre natürliche Bewegungsfreude und dies führt wiederum zu weiterer Passivität. Bewegungsmangel stört zudem das Gleichgewicht zwischen Energieaufnahme und -verbrauch und geht oft einher mit unausgewogener Ernährung. Übergewicht, weitere Unlust an Bewegung und allgemeine psychische, physische und soziale Unzufriedenheit schließen den Teufelskreis.

Bewegung ist außerdem mit gesellschaftlichen Kontakten verbunden: Die Kommunikation mit Freunden ist bei passiven Freizeitbeschäftigungen (z.B. Fernsehen) deutlich geringer als beim Spielen auf der Wiese. Die Folgen des Bewegungsmangels begleiten Kinder auf ihrem gesamten Lebensweg. Aus diesem Grund sollte das Leben der Heranwachsenden auf einem gesunden Fundament stehen.

Verantwortung der Gesellschaft

Erwachsene sind mit ihrem Verhalten die wichtigsten Vorbilder für Kinder. Sie sollten Spaß an Bewegung ausstrahlen, einen aktiven Alltag vorleben und sich mit den Kindern bewegungsaktiv beschäftigen. Nur so können die Kinder ihren natürlichen Bewegungsdrang ausleben und ihre Bewegungsgewohnheiten aufrechterhalten.

Die Kita ist die erste Form institutionalisierter Erziehung. Die Kita trägt heute verstärkt Verantwortung für die Gesundheitsbildung der Kinder. Hier kann auf Lebensgewohnheiten, wie z.B. Einstellung zum eigenen Körper oder Bewegungs- und Essverhalten, Einfluss genommen werden. Und das schon in einem sehr frühen Lebensalter, denn inzwischen besuchen immer mehr Kleinkinder unter drei Jahren eine Kita.

Bewegungsbildung als Aufgabe für Kitas

Die von den Bundesländern herausgegebenen Bildungs- und Erziehungspläne für den Elementarbereich verstehen Bildung im Sinne der Förderung grundlegender Kompetenzen. Die Forderung nach motorischer Förderung steht dabei nicht in Konkurrenz zu anderen Bildungsaufträgen, sondern sollte diese ergänzen und unterstützen. So stellt Bewegung auch ein Fundament für andere Lern- und Entwicklungsprozesse wie zum Beispiel die Sprachentwicklung dar.

Bildung meint Autonomie (Selbstwirksamkeit, Selbstbestimmung) und Verbundenheit (Bindung, Zugehörigkeit). Daher sind die von Zimmer (2006) geforderten Angebote von freien, selbstbestimmten Bewegungsaktivitäten, aber auch angeleitete und auf besondere Bedürfnisse der Kinder ausgerichtete Bewegungsangebote für die Bildung in der Kita unerlässlich.

Einerseits sollen in der Kita die motorischen Fähigkeiten der Kinder gezielt gefördert werden. Hierzu gibt es eine Vielzahl entwickelter Programme, die pädagogische Fachkräfte einer Kita regelmäßig umsetzen und individuell an die Kinder anpassen sollten. Kinder sollen andererseits jedoch auch lernen, ihre körperlichen Grundbedürfnisse zu spüren und diese auszuleben. Der Drang nach Bewegung ist für Kinder (noch) ein Bedürfnis wie Durst und Hunger. Sie sollten diesem Bedürfnis in der Kita nicht nur durch festgelegte Bewegungszeiten mit initiierten Angeboten regelmäßig nachkommen können, sondern auch die Möglichkeit erhalten, außerhalb dieser Zeiten ihren Drang nach Bewegung auszuleben. Dabei sind sie selbst gefordert, die für sie selbst passenden Bewegungs- und Spielformen zu finden und zu erproben.

Praxisbeispiel

Wie soll ein Kind im Stuhlkreis aufmerksam sein und sitzen bleiben, wenn es gerade nicht still sitzen kann, weil es ihm in den Beinen kribbelt?

Schaffen Sie einen Bewegungsraum, in dem sich die Kinder unbeaufsichtigt jederzeit für etwa zehn Minuten frei austoben können. Dann erklingt ein akustisches Signal, damit die Kinder den Bewegungsraum verlassen und sich wieder auf den Stuhlkreis einlassen können.

Motivation und Perspektive

Durch die aktuelle Situation der heutigen Kindheit und die darauf aufbauenden Bildungs- und Erziehungspläne sind die Anforderungen an Kitas weiter gestiegen. Vor allem die Aufgaben im Bereich der Bewegung sind nur umsetzbar, wenn pädagogische Fachkräfte neben theoretischem Wissen zur kindgerechten Bewegungserziehung selbst Freude an Bewegung und viele Bewegungserfahrungen haben. Verschiedene Fortbildungsangebote sollen die Erziehenden in Kitas unterstützen, neben methodisch-didaktischen Vorgehensweisen in der Bewegungserziehung für Kinder, eigene praktische körperliche Erfahrungen zu sammeln, um damit den neuen Anforderungen gerecht zu werden. Die Aufgabe pädagogischer Fachkräfte bleibt jedoch die zielgerichtete und kindgerechte Umsetzung der Bewegungserziehung im Kita-Alltag. Einige geforderte Bildungsziele lassen sich gut mit Bewegung verbinden und sollten in der Kita miteinander verknüpft werden, um die Kinder einen gesunden und ausgewogenen Alltag erleben zu lassen, an den sie sich gewöhnen und an dessen Gewohnheiten sie später festhalten können. Lebensweisen zählen zu stabilen Persönlichkeitseigenschaften, die später nur mit sehr viel Arbeit und Disziplin korrigiert werden können.

Zum Bereich der Bewegung zählen folgende Angebote:

- Kleine Bewegungsspiele (z. B. Bewegung und Sprache)
- Bewegung im Sinne von Austoben und Erleben
- Bewegung und Entspannung

- Bewegung und Hygiene
- Bewegung und Ernährung

Pädagogische Fachkräfte in den Kitas sollten sich ihrer Verantwortung bewusst sein und Bewegungserziehung umsetzen sowie diese in den Kita-Alltag integrieren. So kann das Fundament für eine gesunde Entwicklung im Kindesalter gelegt werden. Darüber hinaus kann das Vorleben eines gesunden Alltagslebens in der Kita auch im privaten Bereich zum Reflektieren der eigenen Gewohnheiten und eventuell sogar zur Änderung des eigenen (Bewegungs-)Verhaltens führen. Auch für Erwachsene ist Bewegung der Schlüssel zu einer gesunden Entwicklung, und zwar das ganze Leben lang.

Entspannung in der Kita

Sonja Quante und Susanne Wolf

Pädagogische Fachkräfte berichten aus der Kita einhellig, dass Kinder heute unruhiger und im Verhalten auffälliger seien als früher. Wissenschaftliche Studien wie die KiGGS-Studie (Hölling et al. 2007) bestätigen, dass 8,2 Prozent der drei bis sechs Jährigen hyperaktives Verhalten zeigen und 35 Prozent werden nach Einschätzung der Eltern als auffällig oder grenzwertig im Verhalten eingestuft. Emotionale Probleme wie „sich Sorgen machen“, „Ängste haben“, „Kopf- und Bauchschmerzen haben“, „das Selbstvertrauen verlieren“ werden schon bei Kindergartenkindern bei 13 Prozent als auffällig bzw. grenzwertig wahr genommen (ebd.).

Die Frage nach der Balance von Aktivität und Ruhe und der kindgemäßen Gestaltung von Tagesabläufen drängt sich angesichts veränderter gesellschaftlicher Bedingungen auf. Wie entspannt ist der Alltag von Kindern heute?

Im Alltag erleben groß und klein zunehmend Stress: Termine, Leistungsdruck, Reizüberflutung durch unsere Medien- und Konsumwelt bedeuten für manches Vorschulkind Überforderung. Dazu können Belastungen durch einschneidende Veränderungen wie Umzüge, Migration, Trennung und Konflikte der Eltern oder Geburt eines Geschwisterkindes kommen. Nicht jedes Kind reagiert darauf gleich. Je nach Bewältigungsstrategien und Ressourcen kann eine Situation für das eine Kind Stress bedeuten, für das andere ist es eine willkommene Herausforderung, die es zu meistern gilt. Die Fähigkeit, sich zu entspannen, kann eine solche Ressource darstellen.

Wirkung von Entspannung

Eine solche stressauslösende Situation hat wohl jede pädagogische Fachkraft schon erlebt: „Es ist laut im Gruppenraum, drei Jungen spielen Tiger und jagen sich gegenseitig ... Ein zweijähriges Mädchen wirft mit Holzbausteinen, das Telefon klingelt und eine Mutter will Ihnen dringend etwas über ihr allergiekrankes Kind mitteilen. Und die Leiterin raunt Ihnen im Vorbeigehen zu, dass Ihre Kollegin heute krank ist."

Wie reagieren Körper, Gedanken, Gefühle in solch einer Situation? Der Atem wird flacher, das Herz schlägt schneller, der Blutdruck steigt, Hände schwitzen, der Nacken verspannt sich... Manche wollen am liebsten laut schreien, andere weglaufen. Wenn es um stressige Situationen geht, reagieren wir immer noch wie unsere steinzeitlichen Vorfahren, die bei Gefahr mit Kampf oder Flucht reagieren mussten. Muskelanspannung, schneller Herzschlag etc. sind für Kämpfen oder Flüchten durchaus sinnvoll, in den Anforderungssituationen unserer modernen Gesellschaft helfen sie allerdings in der Regel nicht.

Entspannungsverfahren setzen genau hier an und bewirken das Gegenteil von Stress: der Tonus sinkt, die Herzrate nimmt ab, Blutdruck und Atemfrequenz sinken. Dazu werden emotionale Reaktionen und motorische Unruhe vermindert, angenehme Gefühle und Ausgeglichenheit verstärkt.

Die Konzentration und die Informationsverarbeitung verbessern sich (Petermann 1996).

Bei Kindern sei an dieser Stelle jedoch vor allzu viel Optimismus gewarnt. Die meisten Kinder sind zwar gut in der Lage sich zu entspannen, der Transfer auf andere stressbezogene Situationen gelingt aber selbst bei Schulkindern kaum (Lohaus 2002). Insofern ist es parallel wichtig, auch Problemlösekompetenzen zu stärken. Und: Entspannung muss dort stattfinden, wo der Bedarf nach Ruhe und Wohlbefinden auftaucht – nämlich in der Kita selbst oder auch in der Familie, z. B. als Zubettgehritual.

Kita-Alltag: ganz entspannt!?

Bevor wir über gezielte Entspannungsangebote in der Kita nachdenken, lohnt die Frage, inwieweit der Kita-Alltag selbst mit seinen räumlichen und zeitlichen Strukturen als auch die Atmosphäre in der Kita auf Kinder, Team (und Eltern!) entspannend wirkt bzw. zu Momenten der Ruhe und des Wohlbefindens einlädt.

Kinder erleben den Kita-Alltag dann als entspannt, wenn ihr individuelles Bedürfnis nach Bewegung **und** Ruhe gestillt wird. Kinder sind dankbar, wenn sie neben gezielten Ruhe- und Bewegungsangeboten frei wählbare Gelegenheiten zu bewegtem Spiel und auch zum Rückzug vorfinden.

Eine entspannte Tagesplanung sollte das Augenmerk darauf richten, dass es den Kindern möglich ist, sich ungestört in ihre Tätigkeiten zu vertiefen, also Freispiel versus „Angebotsflut". Wird ein Kind häufig in seinem selbst gewählten Spiel unterbrochen, erlebt es nicht nur Frust über die Störung, sondern wird oft auch um das Erlebnis von Erfolg und Selbstwirksamkeit gebracht, was Anspannung und Unzufriedenheit mit sich bringen kann. Kündigen Sie deshalb notwendige Unterbrechungen rechtzeitig an, damit die Kinder ihr Tun zu einem befriedigenden Ende führen können. Feste Rituale bieten Sicherheit und einen Rahmen, auf den die Kinder sich einstellen können. Rituale – z. B. zur Begrüßung oder zum Abschied - können auch gut für kleinere Entspannungssequenzen genutzt werden.

Entspannte Erwachsene – entspannte Kinder!

Die Arbeit von pädagogischen Fachkräften wird von vielen Stressfaktoren beeinflusst. Studien belegen vor allem überdurchschnittlich hohe psychische Belastungen bei pädagogischen Fachkräften im Vergleich zu anderen Berufen (Rudow 2004). Infolge ungünstiger Arbeitsbedingungen und hoher Anforderungen treten negative Beanspruchungsreaktionen wie psychosomatische Beschwerden, also Kopf-, Nacken-, Schulter- oder Rückenschmerzen, Nervosität, Unruhe, schnelle Ermüdbarkeit und Komponenten des Burnout-Syndroms wie emotionale Erschöpfung auf (Seibt et al. 2005). Um trotz körperlicher und psychischer Belastungen in einem entspannten Umfeld leben und arbeiten zu können, braucht es den bewussten Einsatz von stressabbauenden Maßnahmen. Einerseits können äußere Bedingungen verändert werden. Dazu gehören eine lärmreduzierende, freundliche Raumgestaltung und die bewusste Planung von Tagesstrukturen inklusive Pausenzeiten. Andererseits sind einige Faktoren, die zu besseren Arbeitsbedingungen beitragen, oftmals vom Kita-Team selbst nicht beeinflussbar. Dazu zählen u.a. Gruppengröße und Personalschlüssel und zu kleine oder fehlende Räume, z.B. für erholsame Pausen.

Gleichwohl werden jegliche Versuche, Kinder zur Entspannung zu bringen scheitern, wenn diese spüren, dass ihre Erzieherin unausgeglichen und angespannt, überlastet ist. Die Herausforderung für pädagogische Fachkräfte besteht also darin, trotz widriger Umstände mit ihrer Haltung, ihrem Auftreten und Handeln zu einer entspannten Atmosphäre beizutragen. Helfen kann hier die Besinnung auf die eigenen Stärken und Ressourcen (siehe Kapitel„Stärken stärken“ von Ungerer-Röhrich et al.). Die Gewissheit, dass Sie über bestimmte Ressourcen verfügen, kann Ihre Einstellung zu Belastungen des täglichen Lebens positiv verändern. Dazu zählen zum Beispiel innere Gelassenheit, Humor und das Achten auf das eigene Wohlbefinden.

Kindgemäße Formen der Entspannung

Nicht jede Entspannungsmethode ist für jedes Kind, jedes Alter und jede Situation geeignet. Eine sorgfältige Auswahl von Entspannungsspielen und -geschichten in Abhängigkeit von den Bedürfnissen und Entwicklungsvoraussetzungen der Kinder ist für den Erfolg von Entspannungsangeboten entscheidend.

Folgende Kriterien, die sich aus dem salutogenetischen Gesundheitsverständnis ableiten (Antonovsky 1997, Liebisch/Quante 2002), dienen als grobe Orientierung für die Auswahl kindgemäßer Entspannungsmethoden (Quante 2008):

- Entspannungsangebote müssen für Kinder nachvollziehbar sein (Verstehbarkeit).
- Entspannungssequenzen müssen aus Sicht der Kinder wohltuend und bedeutsam sein. Die Bedürfnisse der Kinder bilden die Grundlage zur Auswahl der Entspannungsform (Sinnhaftigkeit).
- Die gewählten Spiele, Übungen und Geschichten entsprechen der kindlichen Vorstellungswelt. Geschichten, in denen Tiere oder Kinder etwas Interessantes erleben, eignen sich hierzu (Erlebnisorientierung).
- Länge, Inhalt und Art der Durchführung von Spielen, Übungen und Geschichten sollten flexibel den Entwicklungsvoraussetzungen der Kinder angepasst werden (Balance zwischen Über- und Unterforderung).

Die klassischen Entspannungsverfahren (z.B. Autogenes Training, Progressive Muskelentspannung, Yoga) sind in der Regel nicht kindgemäß im hier beschriebenen Sinn. In der Umsetzung dieser Verfahren zeigt sich häufig, dass Kinder das Angebot als langweilig oder eher als Anstrengung erleben oder aber, dass die Verfahren stark verändert werden und somit in ihrer Ursprungsform kaum noch erkennbar sind (Hippold 2010).

Dennoch lohnt es, die methodischen Herangehensweisen der klassischen Entspannungsverfahren zu betrachten. Die Systematik in Abb. 1.1 gibt einen Überblick über die den klassischen Verfahren zugrunde liegenden methodischen Grundformen (Quante 2008), aus denen kindgemäße Angebote abgeleitet werden können.

Welche Entspannung für welche Kinder? Kinder reagieren entsprechend ihrer individuellen Vorlieben und Entwicklungsvoraussetzungen unterschiedlich auf Entspannungsverfahren. Wenn wir Kinder im Kita-Alltag

Abb. 1.1: Kindgemäße Formen der Entspannung (angelehnt an die Methodenübersicht in Quante 2008)

aufmerksam beobachten, zeigen sie uns in der Regel durch ihr Verhalten auch ihre entspannungsbezogenen Bedürfnisse: Sind Kinder beispielsweise häufig auf der Suche nach Körperkontakt, genießen sie vermutlich Berührspiele und Massagen, z. B. mit Kirschkernsäckchen oder Malerrollen. Zu beachten ist, dass Menschen sehr unterschiedlich empfinden (Anders/Weddemar 2002); so wird ein kitzliges Kind statt einer Igelballmassage eher klare und eindeutige Reize, z. B. eine Massage mit einem Tennisball, bevorzugen.

Methodisch-didaktische Hinweise zur Durchführung: Für Kinder ist die Kita häufig der erste Ort, an dem sie Erfahrungen mit Entspannungsübungen und Ruheritualen machen. Um so wichtiger ist es, dass sie diese positiv und als Gewinn erleben, da hier die Grundlage für späteres gesundheitsförderliches Verhalten gelegt wird. Damit dies gelingt, sind folgende Empfehlungen zur Durchführung hilfreich:

- Kinder mit ihren unterschiedlichen Empfindungen, Bedürfnissen, Gefühlen und Äußerungen ernst nehmen.
- Klare Regel: Niemand darf gestört werden!
- Freiwilligkeit: Entspannung kann nicht ‚verordnet werden'.
- Zentrale Position im Raum, ruhige Stimme

Der Erfolg von Entspannungsübungen hängt zum einen von einer vertrauensvollen behaglichen Atmosphäre, z. B. durch das Aufstellen einer Kerze, Dimmen des Lichts, Musik, sternförmige Anordnung der Matten, ab. Zum anderen ist der gelungene Dialog zwischen der Anleiterin und den Kindern wichtig. Empathie und eine hohe Achtsamkeit für die Signale und Reaktionen der Kinder sind notwendig. Für eher unruhige Kinder ist es meist hilfreich, die Nähe der Anleiterin zu spüren, eventuell auch durch Körperkontakt z. B. mit einer Hand auf dem Rücken.

Fazit: Bei sorgfältiger Auswahl und Beachtung der Hinweise zur Durchführung können Entspannungsangebote einen erheblichen Beitrag zum Wohlbefinden der Kinder leisten. Entspannung ist aber nicht nur als spezielles Angebot zu verstehen, sondern betrifft die Gestaltung des Kita-Alltags als Ganzes. Die Balance von Aktivität und Ruhe muss sich in räumlichen, zeitlichen und inhaltsbezogenen Entscheidungen spiegeln, wollen Kinder und pädagogische Fachkräfte entspannt miteinander leben, lernen, arbeiten und spielen.

Stärken stärken – Schatzsuche in der Kita

Ulrike Ungerer-Röhrich unter Mitarbeit von Ines Eisenbarth, Verena Popp, Sonja Quante, Susanne Wolf

Pädagogische Fachkräfte in Kitas sind heute mit vielen Aufgaben konfrontiert, sie sollen Bildungsziele in verschiedenen Feldern ansteuern, die Gesundheit soll gefördert werden und schließlich soll die Kita natürlich auch „bewegt" sein und sich um ausgewogenes Essen und Trinken kümmern. Wenn man sich mit all diesen Zielen beschäftig hat und weiß, was man alles bedenken soll, ist man damit gut gerüstet für gelingende Kita-

Arbeit? Ja, wenn man dabei nach den positiven Dingen bei allen Beteiligten sucht und nicht primär nach den Problemen und Schwächen schaut. Ja, wenn man Schatzsucherin oder Schatzsucher ist und sich an den vorhandenen Ressourcen aller Beteiligten orientiert.

Schatzsuche ist eine Metapher für einen Ansatz, der die Haltung, Einstellungen, Werte und Orientierungen beschreibt, die den Umgang mit Kindern betreffen, der aber auch im ganzen Kita-System eine wichtige Rolle spielen sollte (Ungerer-Röhrich u. a. 2007). Im Folgenden werden theoretische Grundlagen skizziert und praktische Umsetzungen dargestellt.

Was heißt Schatzsuche?

Sie planen als pädagogische Kraft in einer Kita die nächste Bewegungsstunde. Die Verbesserung des Gleichgewichts der Kinder soll im Mittelpunkt stehen. Im Park haben Sie eine Slackline, also ein Gurtband zum Balancieren, gesehen, auf der junge Leute interessante Übungen machen. Das wollen Sie mit den Kindern ausprobieren, organisieren die Materialien und bauen sie im Garten auf. Sie haben es auch selbst getestet – gar nicht so einfach! Damit nichts passieren kann, wollen Sie alle Kinder selbst über die Slackline führen. Also stellen sich alle Kinder an und warten, bis sie an der Reihe sind. Nach einer Viertelstunde sind alle durch.

Schatzsucher nutzen die Situation etwas anders: Sie sind gespannt, wie die Kinder mit dieser neuen Herausforderung umgehen, und beobachten, dass Leon sich Ben und Caro als Helfer sucht, die ihm zur Sicherheit ihre Hände reichen. Andere probieren es auch allein. Toll, wie einige schon ein paar

Schritte schaffen. Aber nicht alle fühlen sich herausgefordert. Tina baut mit ihren Freunden lieber mit den bekannten Materialien, um dann dort zu balancieren.

Wie hätten Sie sich gefühlt, wenn Sie in der ersten Szene als Kind in der Schlange gestanden hätten, und wie wäre es ihnen in der Situation gegangen, die Sie selbst hätten gestalten können? Was könnte Sie als Erzieherin beunruhigen, wenn die Kinder mit viel Eigenverantwortung Erfahrungen auf der Slackline machen?

Grundlegendes zur Schatzsuche

Warum sind Verantwortung und Beteiligung so wichtig und doch auch so schwer zuzulassen? Jedes Kind ist einzigartig, kann Verschiedenes, hat auf unterschiedliche Dinge Lust. Wenn man allen die gleichen Vorgaben macht, gibt es Kinder, denen vieles zu schwierig ist, und welche, die sich langweilen und natürlich auch eine Gruppe Kinder, für die die Aufgabenstellung genau richtig ist. Aber alle sollten sich mit Vergnügen am Tun weiterentwickeln. Das Bild von Furman (2005) macht die Situation, in die manche Kinder immer wieder gebracht werden, sehr schön deutlich.

Abb. 1.2: Kaj Kujasalo (Furman 2005), mit freundlicher Genehmigung des Helsinki Brief Therapy Institute

Auf der Basis systemischer Ansätze (Radatz 2008) geht man davon aus, dass jedes Kind seine Stärken und Fähigkeiten hat, vieles, das es besonders gut kann. Oft nehmen wir diese Stärken gar nicht bewusst wahr oder sehen sie als selbstverständlich an. Stattdessen orientieren wir uns an Normen wie „Ein Kind in dem Alter sollte rückwärts balancieren können" oder lenken unser Augenmerk darauf, was ein Kind (noch) nicht kann, um es dann „optimal zu fördern". Ein systemisch-lösungsorientierter Ansatz geht davon aus, dass nicht Probleme und ihre Ursachen, sondern das Nutzbarmachen der Ressourcen von Individuen und sozialen Systemen im Zentrum stehen. Unterstützung kann aber nötig sein, um diese Ressourcen zu entdecken, zu aktivieren und zu entwickeln. Vielleicht braucht ein Kind die Hand eines Erwachsenen um erste Erfahrungen mit einem neuen Gerät machen zu wollen. Wenn man das erkennt und dem Kind die Hand gibt, unterstützt man Lernprozesse und stärkt die Motivation etwas Neues zu entdecken.

Schatzsuche bedeutet also umdenken und den Blick auf Ressourcen und Stärken eines jeden einzelnen Kindes zu richten. Kinder sollen bestärkt werden und mit dem Wissen um das eigene Können als Grundlage neue Herausforderungen – wie das Balancieren auf der Slackline – in Angriff nehmen.

Eine Aufgabe in der pädagogischen Arbeit besteht also darin, den Blick auf die Individualität eines jeden Kindes und seine mannigfaltigen Stärken, also auf seine individuellen Ressourcen, zu richten und dem Kind deutlich zu machen, was es schon alles kann und worin es besonders gut ist. Das heißt natürlich nicht, vorhandene „Defizite" zu negieren, sondern die Stärken zu nutzen, um mit diesen vorhandene Schwächen auszugleichen.

Wer noch gar keinen Schritt auf der Slackline schafft, für den ist es dann die erste große Herausforderung auf ihr zu stehen. Bei der Schatzsuche kommt es darauf an, individuelle Fortschritte zu würdigen und die Kinder nicht miteinander zu vergleichen. Zu erkennen, dass Caro Leon geholfen hat, einige Schritte auf der Slackline zu gehen, ist wichtig, aber nicht, dass sie weniger Schritte geschafft hat als Leon.

Ein vergleichender, einschätzender und bewertender „Fehlerfahnderblick" auf ein Kind, hat oft negative Kommentare zur Folge wie: „Caro, schau mal, Leon kann das aber schon besser als du". Dagegen versucht eine Schatzsucherin dem Kind sein Können deutlich zu machen, durch wertschätzende Äußerungen: „Da habe ich auch wirklich eine schwierige Aufgabe mitgebracht, aber deine ersten Schritte, Caro, waren schon prima". Sie muss so nicht als Versagerin gezielt an ihren „Defiziten" arbeiten, sondern erlebt sich als erfolgreiche Lernkandidatin. Es gilt, wie im Cartoon von Furman (2005) die Problemperspektive in eine Ressourcenperspektive zu verwandeln – genau das tun Schatzsucher! Sie machen Kindern das Potenzial bewusst, das in jedem von ihnen steckt. So lernt man seinen eigenen Fähigkeiten zu trauen und kann erfolgreich handeln.

Pädagogische Fachkräfte als Schatzsucher

Kriterien für lern- und entwicklungsförderliche Interaktionen betonen die Rolle des Erwachsenen als Begleiter, der das Kind als gleichwertigen Partner ernst nimmt, ihm vertrauensvoll und feinfühlig begegnet und selbstständige Problemlöseprozesse anregt und ermöglicht. Bei Bewegungsaktivitäten entspricht diese Haltung einer methodischen Vorgehensweise, die insbesondere die (Bewegungs-)Ideen der Kinder und ihr selbsttätiges Handeln in den Vordergrund rückt. Der Erwachsene ist in diesem Zusammenhang Impulsgeber, der einen strukturierten Raum – auch gezielte Angebote – bereitstellt, wie etwa die Slackline, mit denen sich die Kinder aktiv auseinander setzen können. Die Angebote richten sich dabei nach dem, was die Erzieherin durch gezielte Beobachtung und im gemeinsamen Tun bei den Kindern als weiter zu entwickelndes „Thema" wahrnimmt. Die Gestaltung von Bewegungsangeboten muss sich danach ausrichten, den Kindern in vertrauensvoller, Sicherheit gebender und wertschätzender Atmosphäre die Entfaltung ihrer Potenziale zu ermöglichen.

König (2010) hat dialogisch-entwickelnde Interaktionsprozesse zwischen Erzieherinnen und Kindern in Deutschland untersucht und festgestellt, dass Kinder eher instruiert werden, als dass Interaktionsprozesse dazu genutzt werden, gemeinsam mit den Kindern konstruktiv Ideen zu entwickeln. Damit Kinder in Interaktionsprozesse eingebunden werden, die hilfreich sind um ihre Stärken weiterzuentwickeln, ist eine vertrauensvolle emotionale Beziehung nötig. Sensible Impulse müssen gegeben werden und selbstständige Problemlösungsprozesse sollten unterstützt werden. „Was brauchst du, um noch mehr Schritte auf der Slackline schaffen zu können?“ Ideen des Kindes sollten dann durch offene Fragen zur Weiterentwicklung von Gedankengängen und Überlegungen genutzt werden (Ungerer-Röhrich/Quante 2010). Und genau so sollten Schatzsucher Dialoge mit Kindern gestalten.

Chaos oder Schatzsuche?

Sie kommen in den Turnraum, der von den Kindern – nach Absprache – auch allein genutzt werden kann. Viele Dinge liegen im Raum herum, mit manchen scheinen die Kinder beschäftigt, mit anderen weniger. Statt das Chaos zu thematisieren und zu mahnen, dass alles wieder aufgeräumt werden muss, kann man sich zunächst beeindruckt zeigen von den vielen Dingen, die die Kinder interessiert haben und kann sich zeigen lassen, was sie alles mit den Geräten und Materialien gemacht haben. Anschließend können sich alle zusammen ein Spiel überlegen, das zum Ziel hat, wieder alle Dinge an ihren Platz zu räumen, damit man sie auch bei den nächsten Aktivitäten im Turnraum wieder findet.

Es braucht keinen erhobenen Zeigefinger, wenn man die Perspektiven der Kinder sieht und das Positive der Situation thematisiert. Und auch das nötige Aufräumen bekommt durch ein Spiel eine positive Perspektive.

Impulse der positiven Psychologie für die Schatzsuche

Die positive Psychologie (Frederickson 2009) hat Ansätze entwickelt und untersucht, was Menschen stärkt und das Leben gesünder und lebenswerter sein lässt. Mit negativen Botschaften werden Ziele nicht erreicht, positive und Bedürfnis befriedigende Erfahrungen führen deutlich eher zu Veränderungen.

Auhagen (2004) beschreibt Strategien „zur Vermehrung des Positiven" wie

- Förderung bereits vorhandener positiver Aspekte und Qualitäten
- Entwicklung neuer positiver Aspekte und Qualitäten
- Verminderung des Negativen, indem man jemandem hilft, die positiven Aspekte einer Situation zu erkennen.
- Schließlich sollte man sich bemühen, nichts Neues entstehen zu lassen, das als negativ bewertet wird.

Erfolgreiche Interaktionen mit Kindern verzichten auf erhobene Zeigefinger, reine Wissensvermittlung und Abschreckung. Wenn jemand Regeln nicht einhält, sollte man lösungsorientierte Fragen einsetzen: „Was können wir oder was kannst du tun, damit du dich auch an die verabredeten Regeln halten kannst?" Wichtig ist, dass eigenes Können und Erleben von Erfolgen angesteuert werden und dass man an das Kind glaubt: „Du schaffst es, dich an die Regel zu halten!".

Fazit: Die Schatzsuche zeigt einen Weg, wertschätzend und ressourcenorientiert Kinder in ihrer Entwicklung zu begleiten. Ob es um Bildungsthemen oder um Gesundheit, Ernährung und Bewegung geht, es gilt den Entwicklungsstand des Kindes positiv zu beschreiben und die nächsten Perspektiven daran anknüpfend gemeinsam zu entwickeln. Mehr zur Schatzsuche findet man unter www.schatzsuche.uni-bayreuth.de.

Elternhaus und Kita Hand in Hand – Partnerschaft für ein gesundes Aufwachsen

Mirko Eichner

Ob einmal im Jahr beim Würstchenverkauf zum Sommerfest oder bei nächtelangen Diskussionen zum Pro und Contra von Geburtstagskuchen – die Zusammenarbeit zwischen Eltern und pädagogischen Fachkräften wird in jeder Kita anders gestaltet. Zum Besten der Kinder sollten die Potenziale der Zusammenarbeit zwischen Elternhäusern und Kitas im Bereich der Gesundheitsförderung genutzt werden. Denn beide Seiten prägen maßgeblich den Lebensstil der Kinder. Und wer von Anfang an in einen gesunden Lebensstil hineinwächst, wird diesen mit hoher Wahrscheinlichkeit auch im späteren Leben beibehalten.

Elternpartnerschaft

Die Zusammenarbeit zwischen Eltern und Kitas hat sich in den letzten Jahren grundlegend verändert. Traditionell war diese zumeist einseitig geprägt. Die Kita verstand sich oft als bezahlter Dienstleister für die „Versorgung" der Kinder. Angebote und oft auch Aufforderungen zur Zusammenarbeit gingen zumeist von den Kitas aus, die auch Form und Umfang bestimmten. Zumeist beschränkte sich das gemeinsame Arbeiten auf punktuelle Aktionen. Grundsätze und Ziele der pädagogischen Arbeit in den Kitas und der Erziehung in der Familie wiesen somit zumeist nur wenige Überschneidungen auf (Hammerbacher 2008).

Dies hat sich in den letzten Jahren stark gewandelt, insbesondere aufgrund der durch die PISA-Debatte angestoßenen, gestiegenen Anforderungen an die Qualität der Bildungs- und Erziehungsangebote in Kitas. Es werden zunehmend Beziehungen erwartet, die von beiden Seiten gestaltet und gesteuert werden und durch gegenseitige Wertschätzung geprägt sind. Elternhaus und Kita arbeiten immer öfter Hand in Hand, übernehmen vermehrt gemeinsam Verantwortung und schließen Bildungs- und Erziehungsvereinbarungen.

Elternpartnerschaft soll im Folgenden sowohl als Reflexion und Veränderung des elterlichen Erziehungsverhaltens (angestoßen durch die Kita) als auch als Abstimmung der Erziehung in der Kita (zwischen Eltern und pädagogischen Fachkräften) verstanden werden. Elternpartnerschaft ist ein elementarer Bestandteil der pädagogischen Arbeit. Sie gelingt durch Dialog und Kooperation (Bernitzke, Schlegel 2004).

Die partnerschaftliche Zusammenarbeit leistet einen entscheidenden Beitrag für die Entwicklung, da die Kinder einen Großteil ihrer Zeit entweder in der Kita oder im Elternhaus verbringen. Wenn sich Eltern und pädagogische Fachkräfte als gleichberechtigte Partner anerkennen, einander auf

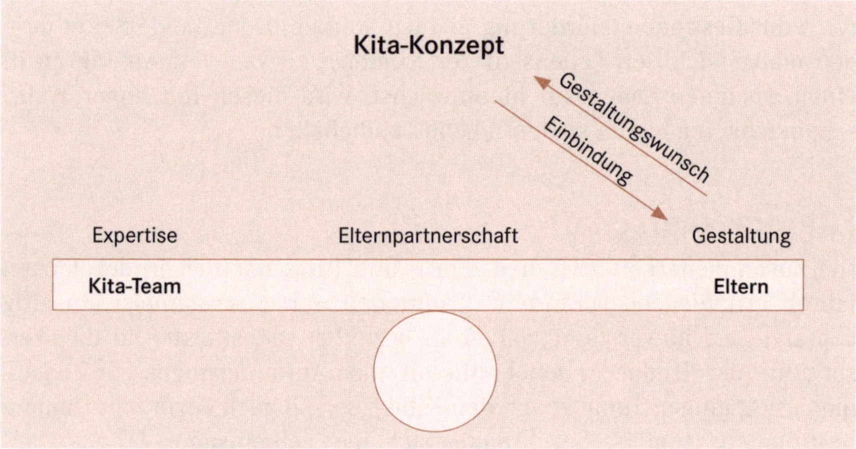

Abb. 1.3: Balance Elternarbeit (Eigendarstellung)

Augenhöhe begegnen, den Dialog suchen und kooperieren, so profitieren davon beide Seiten – und am meisten die Kinder selbst (Düngenheim 2007).

Die Zusammenarbeit zwischen Eltern und Kitas bleibt dabei immer ein Balanceakt zwischen der Expertise der pädagogischen Fachkräfte und dem Willen und den Möglichkeiten zur Mitgestaltung durch die Eltern. Daher sollten für eine funktionierende Elternpartnerschaft die gegenseitigen Erwartungen eindeutig definiert sein. Der Dialog kann entsprechend des Konzeptes und der Trägerschaft der Kita sehr unterschiedlich gestaltet sein. In einer Elterninitiativ-Kita beispielsweise nehmen Eltern ihre Rolle zumeist anders wahr als z. B. in einer kommunalen Einrichtung. Grundsätzlich gilt jedoch das Prinzip des Gebens und Nehmens: Je mehr Unterstützung seitens der Kita erwartet wird, desto stärker wird die Identifikation mit der Kita und der Wunsch der Eltern, die Arbeit und Abläufe mitzugestalten.

Elternpartnerschaft und Gesundheitsförderung

Meist eint der Wunsch nach Gesundheit für die Kinder Eltern und pädagogische Fachkräfte – auch wenn das gesundheitsfördernde Handeln schwer fällt. Daher bietet die Elternpartnerschaft insbesondere im Bereich der Gesundheitsförderung zahlreiche Anknüpfungspunkte. Dennoch haben Eltern individuelle Bedürfnisse, Interessen und Möglichkeiten, im Bereich der Gesundheitsförderung mit den Kitas zusammenzuarbeiten. Einstellungen und Gewohnheiten sowie kulturelle und religiöse Einflüsse und unterschiedliche Erziehungsstile prägen die Haltung auch zu Themen der Gesundheitsförderung und müssen daher entsprechend berücksichtigt werden (Hammerbacher 2008). Somit steht eine funktionierende Elternpartnerschaft im Bereich der Gesundheitsförderung vor der Herausforderung, diese individuellen Anforderungen in Rahmen eines Gesamtkonzeptes zu berücksichtigen.

Im Idealfall werden die Eltern bereits beim Aufnahmegespräch informiert, welche Ziele die Kita im Bereich der Gesundheitsförderung gemeinsam mit den Eltern erreichen will. Im Anschluss entscheiden die Eltern jedoch selbst, in welcher Form sie sich in der Kita einbringen können und wollen. Die Aktivitäten der Kita sollten dabei immer einem nachvollziehbaren Ziel dienen und durchschaubar sein. Den Eltern sollten stets „Brücken" zur Übernahme in den Familienalltag gebaut werden, damit sie Anknüpfungspunkte für ihr eigenes Alltagshandeln finden können. Der Versuch, den Familien einfach die Ideen der Kita „überzustülpen", wird im Familienalltag scheitern und auf Dauer die Zusammenarbeit zwischen Elternhaus und Kita belasten (ebd.).

Nachhaltige Veränderungen des familiären Gesundheitsverhaltens lassen sich jedoch nur erreichen, wenn sich auch die Einstellungen verändern. Eltern brauchen praktikable und positive Anregungen, um ihren Kindern ein positives Vorbild zu sein. Daher sind gemeinsame Erlebnisse in der Kita wie Kochabende oder Bewegungsaktivitäten viel besser geeignet, Anregungen zu vermitteln als z. B. frontale und informationslastige Elternabende (ebd.).

Einbindung sozialer Risikogruppen

Wie die KIGGS-Studie des Robert Koch-Instituts zeigt, steht Gesundheit in engem Zusammenhang mit sozialen Faktoren wie Bildung, Einkommen oder Migrationshintergrund (Robert Koch-Institut 2006). Auch Eltern und Kinder mit niedrigem Sozialstatus können ihre spezifischen Stärken in der Kita einbringen. Für sie gilt es in besonderer Weise ein Gleichgewicht zu finden zwischen unterstützenden Maßnahmen, welche die Familien entlasten und angemessenen Ansprüchen an die Mitwirkung in der Kita (Hammerbacher 2008).

Bei Familien mit Migrationshintergrund bietet das Thema Ernährung bzw. Kochen einen besonders gut geeigneten und niederschwelligen Einstieg in die Gesundheitsförderung. Trotz möglicher Sprachbarrieren können Eltern mit ihren Küchenfertigkeiten oder heimatlichen Rezepten einen Beitrag leisten. Gemeinsame Kochaktionen oder die Gestaltung eines internationalen Rezeptbuchs bieten Möglichkeiten, den kulturellen Hintergrund und die eigenen Kompetenzen als etwas Wertvolles einzubringen und geben der Kita die Gelegenheit, das Thema ausgewogene Ernährung auf die Tagesordnung zu bringen. Die Eltern erfahren auf diese Weise Wertschätzung für ihre Fähigkeiten und Kompetenzen. Sie kommen mit den Pädagogen und den anderen Eltern ins Gespräch und die Kinder mögen es gerne, wenn auch in der Kita der Geschmack der „heimatlichen Küche" berücksichtigt wird.

Ressourcen – welche Stärken können Eltern einbringen?

Interesse, Wissen und Kompetenzen der Eltern können das Bildungsangebot der Kita erweitern. Wenn Eltern z. B. gemeinsam mit den Kindern kochen oder Sport und Bewegungsspiele einbringen, teilen pädagogische Fachkräfte, Kinder und Eltern ein gemeinsames Erlebnis und können auf das Gelernte gemeinsam zurückgreifen und aufbauen (ebd.).

Auch besondere Qualifikationen der Eltern können berücksichtigt werden und die Gesundheitsförderung in der Kita voranbringen. Ist ein Vater beispielsweise Koch von Beruf oder Übungsleiter in einem Sportverein, lassen sich hier gute Anknüpfungspunke finden.

Grundsätzlich lässt sich die Zusammenarbeit zwischen Eltern und Kitas in drei Bereiche unterteilen:

- **Elternberatung und -information** umfasst die unterschiedlichen Situationen im Kita-Alltag, in denen pädagogische Fachkräfte und Eltern direkt miteinander kommunizieren und einander schriftlich informieren. Beispiele und mögliche Anknüpfungspunkte:

Aufnahmegespräch	z. B. Erläuterung der Konzepts der gesunden Kita und welche Anknüpfungspunkte es für Zuhause gibt
Beratungsangebote von Netzwerkpartnern in der Kita	z. B. Ernährungsberatung oder Präsentation von Angeboten für Kinder des regionalen Sportvereins
„Tür-und-Angel-Gespräch"	z. B. Anregung beliebte und in der Kita erprobte Bewegungsspiele für Zuhause zu übernehmen
Beratungsgespräche/ Elternsprechstunde	z. B. Gesundheitsförderung als Teil der Themenliste
Hausbesuche	z. B. Fragen nach Ernährungs- und Bewegungsgewohnheiten
Elternabende	z. B. Vorstellung des Konzepts der gesunden Kita mit Vorschlägen für die „Verlängerung" in den Familienalltag
Elternbefragungen	z. B. gesunder Lebensstil in der Familie als Teil der Befragung
Aushänge/schwarzes Brett/ Homepage	z. B. Rubrik mit Tipps und Angeboten für den gesunden Familienalltag
Elternbriefe/E-Mails	z. B. Erläuterungen und Beispiele für das Konzept der gesunden Kita

Tab 1.2: Elternberatung und -information

- Durch **Elternbildung** kann eine Wissensbasis vermittelt werden, die Eltern befähigt, ihre Erziehungssituation (z. B. den Ernährungs- und Bewegungsalltag) zu reflektieren und das pädagogische Handeln in Elternhaus und Kita besser zu verstehen. Beispiele und mögliche Anknüpfungspunkte:

Vorträge/Themenelternabende/Gesprächskreise	z. B. Vorstellung von Angeboten für Kinder des regionalen Sportvereins oder eines Ernährungsberaters zur ausgewogenen und schmackhaften Kinderernährung
Gesprächskreise	z. B. zum Thema „Gesunde Kita – gesundes Zuhause"
Ausstellung	z. B. zum Thema „Bewegungswelten zuhause entdecken"
Ausgabe Informationsmaterial / Ausleihe Medien	z. B. Kochbücher oder Material für Bewegungsspiele
Themenwochen	z. B. zu saisonalen Lebensmitteln (Spargel, Erdbeeren etc.)

Tab 1.3: Elternbildung

- Die **Elternmitarbeit** bindet die Eltern aktiv in das Alltagsgeschehen der Kita ein. Sie können sowohl in Konzeptions- und Planungsprozessen als auch in die Gestaltung und Durchführung pädagogischer Angebote eingebunden werden. Beispiele:

Einbindung der Elternvertreter	z. B. Begleitung der Konzeption und Umsetzung in der Kita
Eingewöhnungstraining	z. B. Erläuterungen der Praxis des gesunden Lebensstils

Elterncafé/Elternfrühstück/ Kochabende	z. B. Eltern leisten Beiträge und vermitteln Informationen zur ausgewogenen Ernährung
Mithilfe bei Festen/ Veranstaltungen	z. B. Durchführung von Bewegungsspielen
Projekte/pädagogische Angebote der Eltern	z. B. „Wellnesswoche" in der Kita
Begleitung Ausflüge/ Notbetreuung bei Personalmangel	z. B. gemeinsame Bewegungsspiele
Raum-/Außenbereich-gestaltung	z. B. Einrichtung einer Bewegungsbaustelle
Hausaufgaben	z. B. im Vorschulalter erhalten die Kinder spielerische Ernährungs- und Bewegungshausaufgaben

Tab 1.4: Elternmitarbeit (vgl. Bernitzke, Schlegel 2004)

Themen der Elternpartnerschaft zur Gesundheitsförderung

Gesundheitsteams: Elternvertreter und pädagogische Fachkräfte können Gesundheitsteams bilden, die sich in regelmäßigen Abständen zu Gesundheitsthemen austauschen und überprüfen, ob die Ziele auf dem Weg zur gesundheitsfördernden Kita erreicht wurden (Hammerbacher 2008).

Frühstück: Das Frühstück wird in Familien und Kitas auf sehr unterschiedliche Weise gehandhabt: vom Frühstücksbuffet in der Kita bis zur mitgebrachten Brotdose. Wichtig ist es, die Übertragung auf das häusliche Frühstück im Auge zu behalten und die Familien auch auf den Wechsel der Kinder in die Schule vorzubereiten (Hammerbacher 2008).

Kita-Weg: Kinder lernen sich im Alltag mehr zu bewegen, wenn sie alltägliche Wegstrecken früh selbstständig bewältigen. Daher sollten Kitas El-

tern motivieren, den Weg zur und von der Kita mit ihren Kindern zu Fuß oder mit dem Fahrrad bzw. Laufrad zurückzulegen. Informationen und pädagogische Anreize können Eltern und Kindern Starthilfe geben.

Bewegung im Familienalltag: Wenn in der Kita regelmäßig Bewegungsaktivitäten stattfinden und sie Freiräume zum Toben bietet, sind das auch Anknüpfungspunkte für den Familienalltag. Und mit dem Hinweis, dass bewegte Kinder zufriedenere Kinder sind, kann eine Brücke in den Familienalltag geschlagen werden. Über Kooperationen mit Sport- und Schwimmvereinen werden Familien an Sport als festen Bestandteil des Alltags herangeführt.

Frühstück Zuhause und in der Kita

Der Umgang mit dem Frühstück wird in den Familien und Kitas auf sehr verschiede Weisen gehandhabt: vom Frühstücksbuffet in der Kita bis zur mitgebrachten Brotdose. In jedem Fall bietet das Thema Frühstück Anknüpfungspunkte für den Dialog mit den Eltern, denn zu einem ausgewogenen Frühstück gehören: 1 Getränk, 1 Getreideprodukt (Obst, Müsli etc.), 1 Stück Obst oder Gemüse und 1 Milchprodukt. Wichtig ist es, die Übertragung auf das häusliche Frühstück im Auge zu behalten und die Familien auch auf den Wechsel in die Schule vorzubereiten. (Hammerbacher 2008)

Dem lässt sich durch ein gemeinsames Frühstück in der Kita vorbeugen. Dabei sollte jedoch neben der Versorgung der Kinder mit einem ausgewogenen Frühstück nicht der Kontakt zu den Eltern aus den Augen gelassen werden. Die Gestaltung des Kita-Frühstücks bietet eine gute Gelegenheit, Eltern einzubinden, indem sie zum Beispiel ausgewählte Zutaten mitbringen oder in die Planungen einbezogen werden.

Wenn dies nicht täglich erfolgen kann, so kann auch ein nur monatlich stattfindendes gemeinsames Frühstück gute Dienste leisten. Ebenso können die Themen Tischsitten und Tischatmosphäre gemeinsam mit den Eltern erarbeitet werden. Eltern, die sich an einem ausgewogenen Frühstücks in angenehmer Atmosphäre beteiligen, werden mit hoher Wahr scheinlichkeit auch das familiäre Frühstücksverhalten überdenken. Zudem fordern Kinder, die eine solche Frühstückskultur lernen, diese häufig auch Zuhause ein. (Flothkötter 2008)

Fazit: Kitas haben sich binnen kurzer Zeit von Institutionen der Versorgung zu Kompetenzzentren für Erziehung und Bildung gewandelt – ein Prozess, der längst nicht abgeschlossen ist und auch die partnerschaftliche Zusammenarbeit mit den Eltern erfordert. Denn ein gesunder Lebensstil mit ausgewogener Ernährung und viel Bewegung kann seine präventive Wirkung nur entfalten, wenn dieser in Kita und Elternhaus gelebt und vermittelt wird. Dies lässt sich erreichen, indem die Informationen zur gesunden Kita alltagstauglich vermittelt werden und für Eltern transparent und nachvollziehbar sind. Vor allem müssen sich für die Eltern Anknüpfungspunkte bieten, dies für den Familienalltag zu übernehmen. Und auch in der anderen Richtung lässt sich die Ressource Eltern für den gesunden Kita-Alltag nutzen. Die Kitas geben dabei den konzeptionellen Rahmen vor, in den die Eltern – entsprechend ihren persönlichen Möglichkeiten – ihre Kompetenzen einbringen können.

Dieses Prinzip des Gebens und Nehmens hat sich die Plattform Ernährung und Bewegung mit dem Projekt „Gesunde Kitas – starke Kinder“ zu eigen gemacht. Die Eltern waren grundsätzlich zufrieden, wie Ernährung und Bewegung in den beteiligten Kitas gehandhabt wurden und haben diese Themenbereiche zu 90 Prozent als wichtig für den Familienalltag der Kinder empfunden. Sie sehen die Umsetzung dieser Bereiche im Erziehungsalltag in ihren Familien in hohem Grade erfüllt (Lasson et al. 2009).

Erfolgsfaktoren für die Elternpartnerschaft zur Gesundheitsförderung

Im Rahmen der Netzwerkkonferenz Kitas und Eltern von „Gesunde Kitas – starke Kinder" wurden Erfolgsfaktoren für die erfolgreiche Praxis der Elternpartnerschaft identifiziert:

- Balance halten zwischen „Familien entlasten" und „Verantwortung einfordern"
- Eltern stärken und ihren Verunsicherungen begegnen
- Eltern Anknüpfungsmöglichkeiten für eigenes Handeln bieten
- Widerstandfähigkeit der Kinder stärken
- Mahlzeiten in den Kitas anbieten (idealer Weise kostenlos)
- Bedarf der Eltern erkennen und diesem gerecht werden
- Raum für persönliche Gespräche
- Erläutern das pädagogischen Handelns in der Kita
- Positive Beispiele setzen
- Erreichbare Ziele stecken
- Erreichbarkeit aus eigener Kraft
- Einfache, klare und verständliche Ziele setzen und kommunizieren
- Gesundheitsförderung auch für pädagogische Fachkräfte
- Pädagogische Fachkräfte als Vorbilder durch eigenes Handeln
- Raum und Zeit für Gesundheitsförderung im Kita-Team
- Netzwerke aufbauen und pflegen
- Gesundheitspartner wie Kinderärzte, Krankenkassen, Sportvereine etc. in die Kitas holen
- Übergang zur Grundschule vorbereiten und begleiten

(Hammerbacher 2008)

Gesundheitsbildung in den Bildungsplänen

Eva Reichert-Garschhammer

Das Projekt „Gesunde Kitas – starke Kinder" fand in Bayern in den Modellregionen München und Augsburg statt. Dabei war das Staatsinstitut für Frühpädagogik (IFP) ein Kooperationspartner der Plattform Ernährung und Bewegung (peb). Das IFP beschäftigte sich mit der Frage nach den Anknüpfungspunkten dieses Projekts zum Bayerischen Bildungsplan und dessen Umsetzung. Die Beantwortung dieser Frage im Rahmen von Vorträgen auf den Auftaktveranstaltungen in den bayerischen Modellregionen und auf der Netzwerktagung „Kita und Eltern – Partner für einen gesunden Lebensstil der Kinder" ist Grundlage für diesen Beitrag.

Gesundheitsbildung beginnt mit der Geburt. Die für einen gesunden Lebensstil bedeutsamen Kompetenzen, Einstellungen und Gewohnheiten entwickeln sich bereits in den ersten Lebensjahren und bleiben lebenslang erhalten und aktiv.

Spätere Gesundheitsprobleme wie Übergewicht, Sucht oder geringe Stressresistenz haben ihren Ursprung oft im frühen Kindesalter, zugleich sind die Chancen für deren nachhaltige Vermeidung in jenen Jahren hoch. Sich dieser Herausforderung zu stellen, ist heute Kernaufgabe früher Bildung. Für den Gesundheitserhalt des Kindes und die Stärkung seiner Gesundheitsressourcen ist die Familie als Bildungsort wesentlich und die Elternverantwortung groß. Ein idealer Ort für eine umfassende und chancenreiche Gesundheitsbildung sind Kindertageseinrichtungen. Sie erreichen fast alle Kinder und schaffen den Zugang zu den Eltern. Alle Bildungspläne widmen dem Bildungsbereich Gesundheit ein Kapitel, einige Pläne ein zweites dem Bereich Bewegung. In Kitas mit hohem Anteil sozial benachteiligter Kinder kommt der Gesundheitsbildung besondere Beachtung zu – mit Blick auf die erhöhten Gesundheits- und Entwicklungsrisiken dieser Kinder.

In die Bildungspläne Eingang gefunden hat der weite Gesundheitsbegriff der WHO. Dieser versteht Gesundheit – über das Freisein von Krankheit hinaus – als körperliches, seelisches und soziales Wohlbefinden und als

„ein positives Konzept, das in gleicher Weise die Bedeutung sozialer und individueller Ressourcen für die Gesundheit betont wie die körperlichen Fähigkeiten. Ein guter Gesundheitszustand ist eine wesentliche Bedingung für die soziale, ökonomische und persönliche Entwicklung und entscheidender Bestandteil der Lebensqualität" (WHO 1986). Gesundheit in den Dienst von Bildung zu stellen – dies bedeutet das Wechselspiel zu nutzen, wonach Gesundheit Bildung und Bildung Gesundheit positiv beeinflusst. Gesundheitsbildung „zielt auf einen Prozess, allen Menschen ein höheres Maß an Selbstbestimmung über ihre Gesundheit zu ermöglichen und sie damit zur Stärkung ihrer Gesundheit zu befähigen" (WHO 1986).

Gesundheitsbildung in Kindertageseinrichtungen

Das Projekt „Gesunde Kitas – starke Kinder" stellt die drei Basisthemen der Gesundheitsbildung, nämlich Bewegung, Ernährung und Entspannung/Stressresistenz, in den Mittelpunkt. Obgleich der Bildungsbereich Gesundheit weitere Themen umfasst, steht diese Schwerpunktsetzung im Einklang mit den Bildungsplänen. Bewegung ist traditionell ein elementarpädagogisches Basisthema, Ernährung ist mittlerweile als Bildungsthema von höchster Priorität anerkannt und selbst die bisher vernachlässigte Entspannung erfährt zunehmend Aufmerksamkeit. Es gibt immer mehr pädagogische Fachkräfte mit einer Zusatzausbildung in Entspannungspädagogik, denn Kinder frühzeitig an Entspannungs- und Stressbewältigungsmethoden heranzuführen hilft ihnen, mit stressigen Situationen kompetent umzugehen.

Kompetenzentwicklung und nicht mehr Wissensaneignung als **Leitziel von Bildung** anzusehen – diesen weiten Bildungsbegriff (Prognos AG u. a. 1998) greifen mehrere Bildungspläne auf. Er stimmt überein mit dem WHO-Verständnis, wonach Gesundheitsbildung die persönliche Kompetenzentwicklung unterstützen soll – im Sinne des salutogenetischen Ansatzes, der danach fragt, was Kinder gesund erhält und stark macht. Die für die Gesundheitsbildung bedeutsamen Fähigkeiten sind soziale Kompetenzen wie gute soziale Beziehungen, personale Kompetenzen wie ein positives Selbstbild und kompetenter Umgang mit Veränderungen und Belastungen, die so genannte Resilienz. Dazu zählen auch die körperbezogenen Kompetenzen wie Fähigkeit und Bereitschaft, Eigenverantwortung für Gesundheit und Wohlbefinden zu übernehmen, grob- und feinmotorische Kompetenzen und die Fähigkeit zur Stressbewältigung.

Kinder sind **von Anfang an mit Basiskompetenzen** und einem reichen Bildungs- und Entwicklungspotenzial ausgestattet, dies belegt die entwicklungspsychologische und neurowissenschaftliche Säuglingsforschung (Dornes 2000; Stern 2006; Gopnik u. a. 2007). Bereits unmittelbar nach der Geburt beginnt der Säugling seine Umwelt zu erkunden, mit ihr in Austausch zu treten und seine Bedürfnisse (z. B. Hunger) zu äußern, denn der Mensch ist auf Selbstbestimmung und Selbsttätigkeit hin angelegt. Kinder lernen von Geburt an. Sie lernen von sich aus mit Begeisterung und mit bemerkenswerter Leichtigkeit und Geschwindigkeit. Zugleich haben sie einen natürlichen Drang und Freude daran, sich zu bewegen.

Für Kinder ist Bewegung ein wichtiges Mittel, Wissen über ihre Umwelt zu erwerben, ihre Umwelt zu „begreifen“, auf ihre Umwelt einzuwirken, Kenntnisse über sich selbst und ihren Körper zu erwerben, ihre Fähigkeiten kennen zu lernen und mit anderen Personen zu kommunizieren – und damit das „Tor zum Lernen“ (Hannaford 2004). Allerdings können kleine Kinder nur in einem Umfeld aktiv lernen und sich positiv entwickeln, in dem sie sich sicher und geborgen fühlen. Die gute Qualität früher Bindungserfahrungen wirkt sich positiv aus auf das Erkundungsverhalten, die Lernmotivation, die soziale und emotionale Kompetenzentwicklung und den Erwerb von Stressresistenz. Säuglinge und Kleinkinder zeigen Bindungsverhalten primär in Belastungssituationen; sie geraten erheblich unter Stress, wenn die Bezugsperson sie nicht beruhigt.

Die Bildungspläne stellen das **Kind als aktiven Konstrukteur seiner Bildung** in den Mittelpunkt und greifen diese Forschungsbefunde damit auf. Anknüpfungspunkt für pädagogisches Handeln in Kitas sind die Kompetenzen und Stärken, also das, was das Kind bereits alles kann, weiß und versteht. Das Kind erlebt sich so in seinen Lernprozessen als kompetent und bleibt motiviert, seine Kompetenzen weiter auszubauen. Die daraus resultierende Erwachsenenrolle wird in den Bildungsplänen unterschiedlich definiert. Die meisten Pläne beruhen auf dem **Selbstbildungsansatz**, der dem Erwachsenen eine eher passive Rolle zuschreibt. Den darauf aufbauenden **Ansatz der Ko-Konstruktion** stellen einige Bildungspläne als Schlüssel für moderne Bildung heraus (z. B. Bayern, Hessen). Danach gestaltet sich Bildung als sozialer Prozess. Kinder und Erwachsene sind zugleich aktiv und konstruieren gemeinsam Bildungsprozesse. Der Kommunikation und Kooperation des Kindes mit anderen Kindern und Erwachsenen wird beim Gestalten seiner Bildungsprozesse zentrale Bedeutung zugeschrieben und das gemeinsame Erforschen von Bedeutung in den Vordergrund gestellt (z. B. Warum sind Bewegung, Ernährung und Entspannung für die eigene Gesundheit so wichtig?). Soziale Interaktion als der Schlüssel von Ko-Konstruktion erzeugt bessere Lerneffekte, sie stärkt Kinder in ihrer sozialen, sprachlichen und kognitiven Entwicklung. Als Bildungsmoderator, Interaktions- und Dialogpartner, Impulsgeber und Forschungsassistent tragen die Erwachsenen die Verantwortung für die Interaktionsqualität. Bildungsprozesse mitgestalten und moderieren – dies bedeutet mit Kindern lernende Gemeinschaften zu bilden, sich mit vorschnellen, fixen Antworten zurückzuhalten, Kindern aktiv zuzuhören, ihnen offene Fragen zu stellen, sie zugleich an Planungen und Entscheidungen zu beteiligen (Partizipation), aber auch eigene Ideen einzubringen.

Bildung ist somit ein auf Dialog ausgerichtetes Geschehen, in dem sich Kinder und Erwachsene als Partner mit Wertschätzung begegnen und beide Lehrende wie Lernende sein können.

Psychomotorik ist ein **gutes Beispiel für** eine **ko-konstruktive Gesundheitsbildung,** denn bei diesem bewegungspädagogischen Ansatz hat das Kind als aktiver Mitgestalter oberste Priorität. Die Leitfrage lautet nicht: „Wie kann ich als pädagogische Fachkraft die motorische Handlung, den Bewegungsablauf des Kindes verbessern?", sondern: „Wie wirkt die motorische Handlung auf das Kind zurück, auf sein Selbstbild, sein Körperschema, seine Motivation?" Bei psychomotorischen Übungen geht es um ganzheitliche Spiel- und Bewegungshandlungen, die zumeist in ein Spielthema eingebettet sind. Spielthemen gehen immer vom Kind aus, werden mit dem Kind im Dialog erarbeitet. Dies verlangt von der Pädagogin Flexibilität, Toleranz und Empathie ebenso wie geteiltes Interesse und aktive Mitgestaltung.

Ko-Konstruktion schafft zugleich einen optimalen Rahmen für eine **Pädagogik der Vielfalt**, die die individuellen Unterschiede, die Kinder, Familien und Fachkräfte in Kitas einbringen, als Bereicherung und Chance sieht. Dieser positive Umgang mit Unterschiedlichkeit wird in den meisten Bildungsplänen thematisiert und betont. Jedes Kind unterscheidet sich durch seine Individualität und Bedingungen des Aufwachsens von anderen Kindern (z.B. Alter, Geschlecht, soziale und kulturelle Herkunft, Bedürfnisse, Entwicklungstempo, Stärken, Vorlieben, Gewohnheiten). Auf diese Unterschiede gezielt einzugehen, dies gelingt durch innere Differenzierung und Öffnung des Angebots, wie z.B. durch offene, den Kindern stets zugängliche Bewegungs- und Rückzugsräume; gleitende und gemeinsame Mahlzeiten im Wechsel, Auswahl beim Essen; Präsenz der Esskulturen der Familien der Kinder in der Kita. Ebenso wichtig ist es, Kindern vielfältige neue Lernerfahrungen zu bieten, um ihren Horizont zu erweitern. Von neuen Speisen kann es erstmal einen Probierklecks geben; die Erzieherin kann mehrere Entspannungsmethoden zeigen, damit jedes Kind herausfindet, welche ihm am meisten liegt.

In Gesprächen über Bewegung, Ernährung und Entspannung lernen Kinder verschiedene Sichtweisen kennen, wenn die pädagogische Fachkraft sie durch offene Fragen anregt, darüber nachzudenken, und die Unterschiede in den Gedanken der Kinder herausstellt; dies stärkt Kinder auch in ihrer lernmethodischen Kompetenz.

Kinder lernen ganzheitlich, ihre emotionalen, sozialen, kognitiven und motorischen Lern- und Entwicklungsprozesse sind eng miteinander verknüpft. Die Bildungspläne halten daher am **frühpädagogischen Prinzip** der **ganzheitlichen Bildung** fest. Ausgangspunkt ganzheitlicher Bildung sind aktuelle Situationen und Themen, die Kinder interessieren. Darauf aufbauend sind Bildungsprozesse so zu gestalten, dass zugleich möglichst alle Kompetenzen der Kinder gestärkt und möglichst viele Bildungsbereiche angesprochen werden und den Kindern viel Mitsprache und Mitgestaltung ermöglicht wird. Dies lässt sich am besten realisieren, wenn Lernen überwiegend in Alltagssituationen und Projekten geschieht. Vor diesem Hintergrund erweist sich **Gesundheitsbildung** als **durchgängiges Prinzip im pädagogischen Alltag**. Ihre Ziele und Inhalte lassen sich in Alltagsrituale bewusst integrieren und die vielen Querverbindungen zu den anderen Kompetenz- und Bildungsbereichen gezielt nutzen:

- Gesundheitsbildung zählt zu jenen Bereichen, in denen Lernen primär in Alltagssituationen stattfindet, die sich zugleich für bereichsübergreifende Lernerfahrungen eignen. Ernährung ist ein idealer Anknüpfungspunkt für Bildungsprozesse in allen Bildungsbereichen, nämlich Lebenspraxis, Sprache und Literacy, Emotionalität, soziale Beziehungen, Interkulturalität, Werteorientierung, Religiosität, Umwelt, Mathematik, Naturwissenschaften, Technik, Ästhetik, Musik, Wirtschaft und Kultur. Wenn sie selbstständig essen, lernen Kinder selbstbestimmt zu handeln und üben sich in vielen Kompetenzen wie Besteck halten, miteinander Essen, Gespräche führen, Ess- und Tischkultur auch anderer Länder kennen lernen, Tischgebet, Tafelmusik. Mit Kindern einkaufen und kochen ermöglicht ihnen einen aktiven Zugang zu gesunder Ernährung, vielfältigen Sinneserfahrungen wie Riechen oder Schmecken. In vielen Bereichen können sie ihr Wissen vertiefen, z. B. Lebensmit-

tel kennenlernen, mit Geld umgehen, eigenes Kräuterbeet anlegen und pflegen, Kochbücher anschauen, Absprachen treffen, Reis wiegen, Küchengeräte bedienen, Hefewirkung im Teig beobachten, den Tisch schön decken, Kuchen aufteilen.

- Psychomotorik, Tanz und Rhythmik sind Beispiele für ganzheitliche Methoden, bei denen v. a. Bewegung, Musik, Sprache und Wahrnehmung zu einer Einheit verschmelzen.
- Lernen in Projekten ist ganzheitliches, lebensnahes und exemplarisches Lernen auf der Grundlage eines mit den Kindern ausgewählten Themas, bei dem vielfältige Methoden zum Einsatz kommen. Die Durchführung von Projekten ermöglicht es, sich mit Themen, die Kinder interessieren, längerfristig auseinander zu setzen, viele Bezüge zum Thema herzustellen und das Thema in größere Zusammenhänge einzubetten. Auf diese Weise gelingt es, viele Bildungsbereiche zugleich zu integrieren und Kinder in zahlreichen Kompetenzen zu stärken. Gesundheitsthemen eignen sich als thematischer Aufhänger für Projekte, in vielen Kitas wird das Thema Gesundheit in seiner Bandbreite und in seinen Querverbindungen zu anderen Bildungsbereichen auch als Jahresprojekt durchgeführt.

Schlüsselprozesse für die Qualität der Gesundheitsbildung in Kitas

Partizipation der Kinder erweist sich als Kernelement einer zukunftsweisenden Bildungspraxis und als „Schlüssel für Bildung und Demokratie" (Friedrich, Knaur u. a. 2004). Bildungsprozesse, die Kinder und Erwachsene gemeinsam planen und gestalten, fordern und stärken die Kinder in ihrer gesamten Persönlichkeit und steigern ihren Lerngewinn, denn Kinder bringen vielfältige Ideen und Perspektiven ein. Gelingende **Partizipation** der Kinder erfordert zugleich Partizipation der Erwachsenen, d. h. Team und Eltern sind Vorbild und Anregung für die Kinder. Die meisten Bildungspläne betonen die Verantwortung der Kitas, der Partizipation viel Raum zu geben und in ihrer Konzeption zu verankern. Wichtige Elemente dabei sind:

- Partizipation im Alltag leben (z. B. Mitsprache an Speiseplanung, mit Kindern Einkaufen und Kochen; Psychomotorik als partizipativer Ansatz; Kinderbefragungen zum Ernährungs-, Bewegungs- und Entspannungsangebot)
- Projekte mit Kindern planen und realisieren (z. B. Projekte, sich mit gesundheitsbezogenen Themen bereichsübergreifend auseinandersetzen; Bewegungs-, Rückzugs- und Essraum mit Kindern neu- bzw. umgestalten)
- Kindern Verantwortungsbereiche für Andere übertragen (z. B. Tischdienst übernehmen; in Kursen geschulte Patenkinder, die andere Kinder in Sportgeräte einweisen können)
- Mit Kindern Regeln und Grenzen setzen (z. B. für Nutzung der Sportgeräte, Verhalten bei Mahlzeiten)
- Wichtige Entscheidungen in Kinderkonferenzen treffen (z. B. Anschaffung neuer Sportgeräte, Trinkwassersprudler)
- Innere Öffnung und Ansatz der offenen Arbeit als Partizipationskonzept (z. B. gleitende Mahlzeiten und offene Bewegungsangebote, die Kinder jederzeit nutzen können)

Eine gesundheitsfreundlich gestaltete **Lernumgebung** als Basis für die pädagogische Arbeit zeichnet sich insbesondere durch folgende Kriterien aus: Notwendig für die Gesundheit der Kinder ist eine Raum- und Gartengestaltung, die viele Bewegungs- und Rückzugsmöglichkeiten zulässt. Bewegungsräume und -angebote sind so zu gestalten, dass sie die Neugier der Kinder wecken und sie zum Erforschen und Experimentieren mit Geräten und Materialien anregen. Rückzugs- und Ruheräume sorgen für Entspannung, wenn sie für Kinder behaglich eingerichtet sind. Für die Ernährungsbildung optimal sind das Vorhandensein eines Küchenraums und der Einsatz von Küchen- bzw. hauswirtschaftlichen Fachkräften, die

Mahlzeiten (teilweise) frisch und auch mit Kindern zusammen zubereiten. Ein eigener Essraum (z. B. Kinderbistro, -restaurant) schafft eine angenehme Atmosphäre und trägt zur Tischkultur bei; Essen bekommt dadurch einen höheren Stellenwert.

Einen **gesunden Lebensstil in der Kita** praktizieren, dazu tragen pädagogische Fachkräfte als Gesundheitsvorbild für die Kinder maßgeblich bei. Wenn Kinder bewusst lernen, wie wichtig abwechslungsreiche Ernährung, vielseitige Bewegung und regelmäßige Entspannung sind, dann schafft dies eine gute Basis, ein Gesundheitsbewusstsein zu entwickeln und schrittweise Verantwortung für die eigene Gesundheit zu übernehmen. Inwieweit Kinder vom Bildungsangebot in der Kita profitieren, hängt maßgeblich von der Qualität der dort gestalteten Beziehungen und einer **wertschätzenden Atmosphäre** ab. Aus Kindessicht heißt das konkret:

- Eine behutsame Eingewöhnung erfahren
- Eine Kultur erleben, die offen ist im Umgang mit Bedürfnissen und Gefühlen, die Spaß an Bewegung und gesunder Ernährung vermittelt und die Bedeutung von Ruhe- und Entspannungsphasen immer wieder positiv erlebbar macht
- Viele Gelegenheiten erhalten, gesunde Lebensweisen kennen zu lernen und eigenaktiv zu erproben
- Ein einfühlsames Begleiten und Steuern der Lernprozesse erfahren, d. h. vielfältige Anregung und Ermutigung zum Finden eigener Ideen bekommen
- Die Entscheidungen des Kindes achten, d. h. auf seine Bereitschaft warten und es niemals zum Mitmachen drängen – nur so kann es z. B. gelingen, ihre natürliche Bewegungsfreude, Neugier, Spontaneität und Kreativität zu erhalten

Der **Kooperation und Vernetzung der Bildungsorte** kommt beim Thema Kindergesundheit und Gesundheitsbildung herausragende Bedeutung zu. Die Netzwerkbildung mit lokalen Fachinstitutionen ist ein wichtiger Baustein auf dem Weg der Kitas zu Kinder- und Familienzentren, den viele Länder als zukunftsweisend ansehen, so v. a. das Vorreiterland NRW. Das in den Bildungsplänen enthaltene Konzept der Bildungspartnerschaft mit Eltern versteht sich als Weiterentwicklung der bisherigen Konzepte der

Elternarbeit. Es sieht eine veränderte Qualität der Mitwirkung und Kommunikation vor und damit einen Wechsel zu echter Kooperation und zu mehr Dialog mit Eltern (Reichert-Garschhammer 2009). Es nimmt die Familie als zentralen Bildungsort wahr und ernst, die mit ihren spezifischen Einstellungen und Gewohnheiten zum Thema Gesundheit die Lebensbedingungen und Gesundheitsbildung des Kindes maßgeblich mitgestaltet. Eltern sind für Kitas der wichtigste Gesprächspartner; sie bringen zugleich vielfältige Kompetenzen in die Kita ein und gestalten die Bildung ihrer Kinder auch in der Kita aktiv mit. Bildungspartnerschaft ist eine gemeinsame Entwicklungsaufgabe, deren Wahrnehmung folgenden Zielen dient:

- **Begleitung der Übergänge** von der Familie in die Kita, von der Kita in die Grundschule, z. B. Gesundheitsdialog mit Eltern von Anfang an, da im Aufnahmeverfahren dazu viele Abfragen und Absprachen erforderlich sind; Elternpräsenz während der Eingewöhnung
- **Information und Austausch**, z. B. Aktivitäten der Gesundheitsbildung in der Kita für Eltern durch die Konzeption und „sprechende Wände" transparent machen; regelmäßiger Austausch mit Eltern über den Gesundheitszustand und die gesundheitsbezogenen Lern- und Entwicklungsprozesse des Kindes; Auslage von Info-Materialien zu Gesundheitsthemen verschiedener Fachdienste in der Kita
- **Stärkung der Elternkompetenz**, z. B. Familienbildungsangebote zu Gesundheitsthemen auch in Kooperation mit externen Experten/Fachdiensten; Eltern-Kind-Angebote wie Kochkurse oder Bewegungsnachmittage, in deren Rahmen Eltern geeignete Ernährungs- und Bewegungsbeispiele kennen lernen und mit ihren Kindern ausprobieren können und zugleich über Bedeutung von Bewegung und Ernährung für die Gesamtentwicklung im frühen Kindesalter informiert werden
- **Beratung, Vermittlung von Fachdiensten** im Rahmen der Früherkennung und Prävention von Entwicklungsrisiken, z. B. Erkennen motori-

scher Entwicklungsauffälligkeiten in der Kita, die mit Einverständnis der Eltern einer diagnostischen Abklärung bedürfen
- **Mitarbeit**, d.h. aktiver Einbezug von Müttern und Vätern in die Kita-Praxis, z.B. Hospitation in der Kita; Mitarbeit an Projekten zu Gesundheitsthemen; Tanz-, Kochkurse für Kinder, die Eltern anbieten; interkulturelle Wochen/Feste, bei denen Eltern Speisen aus ihren Ländern mitbringen oder Lieder und Tänze zum Mitmachen aufführen
- **Beteiligung, Mitverantwortung, Mitbestimmung**, z.B. Mitwirkung des Elternbeirats an der bewegungsfreundlichen Umgestaltung der Innen- und Außenräume, am Erhalt eines Essraums durch Anbau, an der Bemessung der auch für die Personalgesundheit bedeutsamen Verfügungszeiten; Elternbefragungen zur Gesundheitsthemen in der Kita; Eltern-Aktiv-Gruppen, die Eltern-Kind-Angebote in der Kita mit planen und gestalten; Kontaktvermittlung zu Sportvereinen durch Eltern
- **Ausbau der Kitas zu Kinder- und Familienzentren**, d.h. Bündelung lokaler Angebote für Kinder und Familien verschiedener Dienste in der Kita als Knotenpunkt mit dem Ziel, Familien frühzeitig, niederschwellig und breitenwirksam zu erreichen, z.B. Vernetzung der Kitas mit Gesundheitsamt, Kinderärzten, Ernährungsberatungsstellen, Sportvereinen und anderen Fachinstitutionen aus dem Gesundheitsbereich, aktive Einbeziehung in Bildungsangebote für Kinder und Eltern; Besuche dieser Fachstellen mit den Kindern

Eine intensive Kooperation mit Eltern im Sinne einer Gesundheitspartnerschaft ist somit wesentlicher Bestandteil der Gesundheitsbildung in Kitas. Eltern mit Wertschätzung auf Augenhöhe zu begegnen erweist sich als Türöffner für gelingende Kooperation. Je transparenter Kitas arbeiten, je mehr Einblicke und Mitmachmöglichkeiten sie Eltern gewähren, umso mehr positive Wechselwirkungen zwischen Kita und Familie ergeben sich. Je informierter Eltern sind, desto besser gelingen Kooperation und gegenseitige Unterstützung.

Kindertageseinrichtungen sind heute (landesgesetzlich) aufgefordert, ein einrichtungsspezifisches **Konzept zur Gesundheitsbildung** zu entwickeln und dieses in der **Kita-Konzeption** zu verankern. Zu betonen ist hierbei die Trägerverantwortung für die Gesundheit des pädagogischen Personals und die Gewährleistung eines effektiven Gesundheitsmanagements in der Kita, das die Kinder, Eltern und Fachkräfte gleichermaßen mit einschließt.

Weiterentwicklung der Qualität der Gesundheitsbildung in Kitas – Stärkung als lernende Organisation

Die Umsetzung der Bildungspläne auf Kita-Ebene im Sinne ihrer Grundprinzipien ist zunächst ein Innovationsprozess, der übergeht in einen Prozess der kontinuierlichen Qualitätsverbesserung. Der positive Umgang mit Veränderungsprozessen bedeutet, dass sich Kitas und Teams als lernende Organisation und lernende Gemeinschaft verstehen und sich durch gemeinsames Lernen stetig weiterentwickeln. Um die Lust am Entdecken, Gestalten und Experimentieren bei Kita-Fachkräften zu wecken und in jeder Kita eine fehlerfreundliche Kultur der Planumsetzung zu schaffen, ist eine Unterstützung insbesondere auf folgenden Ebenen wichtig:

- Die **Selbstevaluation der Bildungsqualität** in der Einrichtung setzt die Entwicklung von Basis- und Qualitätsstandards und darauf aufbauend die Entwicklung entsprechender **Evaluationsinstrumente** voraus. Im Rahmen des Projekts „Gesunde Kitas – starke Kinder“ wurde ein Selbstevaluationsbogen, der sogenannte Referenzrahmen, entwickelt. Dieser formuliert im Sinne einer ganzheitlichen Gesundheitsbildung Basisanforderungen für die Bereiche: Bewegung, Ernährung und Entspannung – deren Verknüpfung mit anderen Bildungszielen – Entwicklung des Gesundheitsdialogs mit den Eltern – Verankerung der Gesundheitsförderung in der Organisations- und Personalentwicklung. Die im Kapitel 3 dargestellten Checklisten und Reflexionsfragen wurden aus dem Referenzrahmen abgeleitet und dienen der Selbstevaluation.
- Der **beratenden Unterstützung** und **Prozessbegleitung** von Kita-Teams (inkl. Kita-Trägern) kommt heute zentrale Bedeutung zu. **Inhouse-Coaching** und **kollegiale Beratung** sind zukunftsweisende Beratungsansätze; beide wurden im Projekt „Gesunde Kitas – starke Kinder“ in den Kitas der Modellstandorte praktiziert und werden derzeit auch in Bayern im Projekt „Sprachberatung in Kitas“ erprobt. Im Mittelpunkt stehen der Teamprozess und die Selbstorganisation beim

Ermitteln des eigenen Weiterentwicklungsbedarfs und beim Finden eigener Umsetzungsstrategien und Problemlösungen. Coaching ist ein flexibles, aktivierendes Vorgehen, das sich durch gemeinsame Reflexionsphasen (Was läuft denn schon? Was brauchen wir als Team, was wollen wir als Team? Welche Möglichkeiten gibt es vor Ort?) und das Arbeiten an sich selbst (z. B. Haltung, Vorbildfunktion) auszeichnet. Durch die Aktivierung des gesamten Teams entwickeln sich Teams weiter, zugleich verändert sich die Kultur in ihren Einrichtungen. Auch der kollegiale Austausch mit anderen Kitas (z. B. in Workshops) wird als anregend und bereichernd erfahren.
- Die **beratende Unterstützung von Familien in Kitas** ist ein zentraler Baustein in der **Weiterentwicklung der Kitas zu Kinder- und Familienzentren**. Das Projekt „Gesunde Kitas – starke Kinder“ stärkt das Kita-Personal, Eltern in Fragen der Gesundheitsförderung und -bildung ihres Kindes beratend zu begleiten und zugleich Netzwerke mit Partnern zu knüpfen, die in Gesundheitsfragen wichtige Ansprechpartner für Familien sind.
- Die **Gesundheit des Kita-Teams** steht in Wechselbeziehung zur Qualität ihrer Interaktionen mit und ihrer Vorbildrolle für Kinder und damit zur Bildungsqualität und deren Verbesserung in der Einrichtung. Die Frage, wie pädagogische Fachkräfte ihre eigene Gesundheit im Arbeits- und Privatleben erhalten und stärken können, ist unmittelbar verknüpft mit dem Dauerthema **Verbesserung der Rahmenbedingungen** in Kitas (z. B. Freistellung der Leitung, Anstellungsschlüssel, Verfügungszeiten, Pausenplanung und Rückzugsräume für das Personal). Verantwortung für diesen Verbesserungsprozess tragen die Länder im Rahmen ihre Kita-Gesetzgebung, aber auch die Kita-Träger selbst.

Transparenz durch Dokumentation

Das Wohlbefinden eines jeden Kindes und seine gesundheitsbezogenen Lern- und Entwicklungsprozesse – im Sinne der Bildungspläne – sind fortlaufend zu beobachten und zu dokumentieren. Dazu dienen Beobachtungsbögen zur motorischen Entwicklung; Lerngeschichten; Portfolio-Ordner, in denen die Vorlieben, Stärken und Lernfortschritte des Kindes auch in Bezug auf Ernährung, Bewegung und Entspannung festgehalten werden. Im Institut für Frühpädagogik (IFP) wird im Auftrag der Bertelsmann Stiftung der Beobachtungsbogen „KOMPIK – Kompetenzen und Interessen des Kindes" entwickelt und ab Frühjahr 2011 auf der Homepage der Bertelsmann Stiftung zum Download zugänglich sein. In Bezug auf die Bildungsbereiche Bewegung und Gesundheit nimmt er folgende Kompetenzen und Interessen des Kindes ins Blickfeld:

- Motorische Kompetenzen (Fein- und Grobmotorik)
- Gesundheitsbezogene Kompetenzen und Interessen (Gesundheitswissen und -verhalten, selbstständige Hygiene, psychisches Wohlbefinden, soziale Integration)

Transparenz durch Dokumentation bedeutet aber auch die praktizierte Gesundheitsbildung für alle Beteiligten sichtbar zu machen. „Sprechende Wände" – dieser Begriff aus der Reggio-Pädagogik steht für verschiedene Dokumentationsformen wie z. B. Fotoplakate, Speiseplan mit Fotos, Projektordner, Ausstellungen über gesunde Ernährung, die wiederum vielfältige Gesprächsanlässe zwischen Kindern, zwischen Kindern und pädagogischen Fachkräften sowie zwischen Eltern und Pädagoginnen schaffen. Die Kooperation und Vernetzung der Bildungsorte Familie und Kita wird durch „sprechende Wände" maßgeblich angeregt.

2 Das Projekt „Gesunde Kitas – starke Kinder“

Was ist und was kann Coaching in der Kita?

Antje Meißner-Trautwein und Ruth Hammerbacher

Coaching ganz allgemein ist ein zeitlich begrenzter Beratungsprozess zwischen einem Klienten, einer Einzelperson oder Gruppe, und dem Coach, der dabei hilft, in einem gemeinsamen Prozess dieses Potenzial frei zu setzen. Coaching ist ein Dialog gleichberechtigter Partner mit unterschiedlicher Kompetenz und Expertise. Coach und Klient kommunizieren „auf Augenhöhe“ und wertschätzen ihre Kompetenzen gegenseitig.

Der Klient (hier die Projekt-Kita) wendet sich an den Coach (hier den peb-Kita-Coach), um Unterstützung bei dem Erreichen eines bestimmten Ziels und der Lösung der Aufgaben auf dem Weg dorthin zu erhalten. Das Ziel gibt der Klient vor, der Coach ist sein Begleiter. Fachliche Grundlage des Coachings innerhalb des Projekts „Gesunde Kitas – starke Kinder“ ist der erwähnte Referenzrahmen.

Der Coach ist verantwortlich für die Beratung des Prozesses, mit dem der Klient seine Ziele verwirklichen will. Die Arbeit des Coaches zielt auf das Ermöglichen und Erleichtern dieses Prozesses. Ein Coach ermutigt und unterstützt den Klienten, ersetzt jedoch nicht seine eigene Verantwortung und Aktivität.

Der Coach ist ein neutraler Gesprächs- und Interaktionspartner, der alle Sichtweisen und Interessen in seiner Klientengruppe gleichermaßen berücksichtigt. Er behandelt Informationen über persönliche Fragen von Klienten bzw. sensible Informationen aus einer Klientengruppe, die er im Zuge des Coaching-Prozesses erhält, immer vertraulich.

Der Klient ist verantwortlich für alle von ihm verfolgten Ziele und unternommenen Arbeitsschritte. Auch für das Gelingen des Coaching-Prozesses trägt er eine Mitverantwortung. Dazu gehören die Offenheit und das Vertrauen gegenüber dem Coach und dem Coaching-Prozess, das Einbringen der eigenen Sichtweisen und Kompetenzen sowie die konstruktive Arbeit zugunsten von Team-Entscheidungen, die von allen getragen werden können.

Der Coaching-Prozess im Projekt hat Grenzen. Die Begleitung der peb-Kita-Coaches konzentrierte sich im Rahmen des Projekts auf die Weiterentwicklung der Gesundheitsförderung und Übergewichtsprävention mit den Schwerpunkten Ernährung, Bewegung, Entspannung, Gesundheitsdialog und Integration von Gesundheits- mit Bildungszielen in der Kita, durch das Kita-Team. Wenn im Zuge dieser Begleitung darüber hinaus gehende Beratungsfragen erkennbar wurden, stellte der peb-Kita-Coach diese – soweit in der Situation möglich – fest. Es ist Aufgabe der Leitung der Projekt-Kita, für solche Fragen geeignete Beratungsangebote zu finden.

Projektbeschreibung „Gesunde Kitas – starke Kinder“

Ilka Pfütze, Sabina Wesling und Ruth Hammerbacher

Gesundheitsförderung in Kindertageseinrichtungen stand im Mittelpunkt des Pilot-Projekts „Gesunde Kitas – starke Kinder“ der Plattform Ernährung und Bewegung (peb). Das Projekt ging ganzheitlich vor und strebte einen nachhaltigen Entwicklungsprozess sowohl in den beteiligten Kitas, wie auch auf Träger- und kommunaler Ebene an. Von Mai 2007 bis Juni 2009 beteiligten sich 47 Kitas aus vier Kommunen an diesem Pilotprojekt. Das Projekt erreichte dadurch mehr als 3.500 Kinder und 600 Fachkräfte aus Kitas.

Pädagogische Fachkräfte standen im Mittelpunkt der Maßnahme. Workshops leisteten einen Beitrag zur trägerübergreifenden Vernetzung der Kitas sowie zur Vernetzung mit Fachberatungen, Vertretern der Kommune und Kooperationspartnern und setzten Impulse für eine langfristige Sicherung der Erfolge sowie den Transfer in weitere Einrichtungen. Überregionale Veranstaltungen boten Fachleuten aus Praxis und Wissenschaft die Möglichkeit zum Austausch und zur Vernetzung.

Hinter dem Projekt stand ein Team, das eng zusammen gearbeitet hat, um „Gesunde Kitas – starke Kinder“ zum Erfolg zu führen. Ruth Hammerbacher war zuständig für Projektentwicklung und -steuerung, und Ilka Pfütze und Sabina Wesling waren zuständig für den Coaching-Prozess in den Kitas. Mit Unterstützung dieser Coaches integrierten die Kita-Teams ganzheitliche Gesundheitsförderung in die Bildungsarbeit mit Kindern, den Dialog mit Eltern und verankerten diese in der Konzeption und im Alltag ihrer Einrichtung. Dieses Vorgehen und die Orientierung an themenübergreifenden sowie die Organisationsentwicklung betreffenden Zielen brachte zudem die Teamentwicklung in den Einrichtungen voran.

Mit Abschluss des Projekts wurden durch die wissenschaftliche Evaluation sowie die kontinuierliche Prozessdokumentation der Coaches die positiven und gesundheitsförderlichen Auswirkungen auf Kinder, Teams, pädagogische Fachkräfte und Eltern sehr deutlich.

Zentrale Inhalte des Pilotprojekts waren die Themenbereiche Ernährung, Bewegung, Entspannung und der Gesundheitsdialog zwischen Kita-Team und Eltern. Bewusst wurde dabei eine Integration von Zielen aus den Bereichen Ernährung, Bewegung und Entspannung mit den Bildungszielen der Kitas angestrebt und der Gesundheitsdialog zwischen Kita-Team und den Eltern gefördert bzw. intensiviert. Um erfolgreich umgesetzte Ziele in Bezug auf das Thema Gesundheitsförderung nachhaltig zu verankern, strebte das Pilotprojekt Veränderungen in diesem Bereich im Zusammenhang mit einer Organisations- und Personalentwicklung in den beteiligten Kitas bzw. Kita-Teams an. Diese Themenbereiche werden im Referenzrahmen (vgl. Checklisten und Reflexionsfragen in Kap. 3) des Projekts durch etwa 60 Kriterien für die Gestaltung der Kita-Praxis konkretisiert.

Das Pilotprojekt „Gesunde Kitas – starke Kinder“

Mit dem Pilotprojekt „Gesunde Kitas – starke Kinder“ engagiert sich die bundesweit agierende Plattform Ernährung und Bewegung e. V. (peb) für eine ganzheitliche Gesundheitsförderung, die gleichzeitig Bildungs- und Entwicklungsprozesse der Kinder stärkt. Übergeordnetes Ziel von peb ist die Prävention von Übergewicht bei Kindern und Jugendlichen. Mit dem hier beschriebenen Pilotprojekt im Kita-Bereich wurde das von peb mit „Gesunde Kitas – starke Kinder“ entwickelte Konzept in Kindertageseinrichtungen erprobt sowie ein breit anwendbares Vorgehen entwickelt. Die Durchführung des Pilotprojekts „Gesunde Kitas – starke Kinder“ wurde durch die Bundesminister Horst Seehofer und Ursula von der Leyen als Schirmherren unterstützt. Die Finanzierung erfolgte durch Mittel des Bundesministeriums für Ernährung, Landwirtschaft und Verbraucherschutz (BMELV) sowie der im Bund für Lebensmittelrecht und Lebensmittelkunde e. V. (BLL) für peb aktiven Unternehmen. Verantwortlich für die Konzeption und Durchführung des Projekts war die Hammerbacher Beratung & Projekte GmbH aus Osnabrück.

Zielgruppen und Konzeption

Vorrangige Zielgruppe des Projektansatzes waren die pädagogischen Fachkräfte. Sie durchliefen in einem Zeitraum von 12 bis 18 Monaten einen inhaltlich und methodisch strukturierten Arbeitsprozess, an dem das gesamte Team der jeweiligen Einrichtung – die pädagogischen Fachkräfte einer Kita sowie teilweise auch hauswirtschaftliche Kräfte und Therapeuten – teilnahm. Über die pädagogischen Fachkräfte wurde die Zielgruppe Eltern einbezogen. Ebenso wurden entsprechend den im Projekt vertieften Arbeitsschwerpunkten örtliche Netzwerkpartner wie Sportvereine, Ernährungsberatungen, Kinderärzte etc. einbezogen. Zielgruppe des Pilotprojekts waren darüber hinaus Träger und die kommunale Fachverwaltung.

Der ganzheitliche Ansatz des Projekts „Gesunde Kitas – starke Kinder“ fokussierte auf folgende Bereiche:

- Gleichwertige Berücksichtigung der drei Gesundheitssäulen: Ernährung, Bewegung und Entspannung/Stressmanagement
- Laufende Verbindung der Gesundheitsarbeit mit der Bildungsarbeit der Kita
- Laufende Verbindung der Gesundheitsförderung mit einer aktiven Elternpartnerschaft
- individuelles Arbeiten und Teamentwicklung durch Coaching in der Kita
- Berücksichtigung unterschiedlicher Rahmenbedingungen und Ressourcen durch individuelle Arbeitsschwerpunkte und Arbeitsgeschwindigkeiten – keine „fertigen Rezepte“
- Team-Coaching auf Basis eines partnerschaftlichen Coaching-Konzepts
- Berücksichtigung von Gesundheitsinteressen der pädagogischen Fachkräfte
- Nachhaltigkeit durch Impulse in den Einrichtungen und auf der Trägerebene
- laufende Dokumentation von Arbeitsprozessen und Ergebnissen in den Kitas

Der Projektansatz bezieht alle Beteiligten in der Kita mit ein. Es handelt sich damit um ein systemisches Konzept und stärkt die Beteiligten in ihren Kompetenzen; dies ist der bereits erwähnte salutogenetische Ansatz.

Der Arbeitsprozess des Pilotprojekts wurde durch kontinuierliches Feedback und Instrumente der Erfolgskontrolle begleitet. Die peb-Kita-Coaches dokumentierten kontinuierlich den Prozess. Fachliche Beratung erfolgte durch die kooperierenden wissenschaftlichen Institute, regionale Projekt-Arbeitsgruppen und durch eine zentrale Beratergruppe aus Wissenschaftlern und Praxisexperten. Es fanden zusätzlich Netzwerkkonferenzen statt, und die Ergebnisse des Pilot-Projekts wurden wissenschaftlich evaluiert.

Der Aufbau des Projekts

Basis des Pilotprojekts „Gesunde Kitas – starke Kinder“ waren Projektvereinbarungen zwischen peb und den Pilotkommunen Mülheim an der Ruhr, Bielefeld, Landkreis Augsburg und der Stadt München. Je eine kommunale Projekt-Arbeitsgruppe, in der neben den Fachverwaltungen (Jugend, Gesundheit, Sport, Schule) auch die Kita-Träger und regionale Netzwerkpartner mitwirkten, begleitet das Projekt vor Ort. Die Teilnahme der Pilot-Einrichtungen erfolgte auf freiwilliger Basis. Die beteiligten Kommunen bemühten sich um eine repräsentative Mischung von Einrichtungen nach Trägertyp und sozialem Umfeld.

Ein Jahr nach Beginn des Pilotprojekts konnte die Stadt Halle an der Saale als erster Transferstandort mit zwölf Einrichtungen hinzugewonnen werden.

Zentrale und übergreifende Projektbausteine: Das Pilotprojekt startete im Mai 2007 mit der zentralen Auftaktkonferenz und wurde im Juni 2009 mit einer zentralen Abschlusskonferenz beendet. Parallel zu der Arbeit an den Projektstandorten bot „Gesunde Kitas – starke Kinder“ allen Fachleuten aus Praxis und Wissenschaft im Rahmen von zwei überregionalen Veranstaltungen die Möglichkeit zum Austausch und zur Vernetzung zu den Schwerpunktthemen „Gesundheitsdialog mit Eltern“ sowie „Sicherung von Erfolgen der Gesundheitsförderung in Kitas“.

Für den Arbeitsprozess der Einrichtungen stellte peb Arbeitsmaterialien auf Basis des Referenzrahmens zur Verfügung. Als ergänzendes anschauliches Informationsmaterial wurden eine ‚Arbeitshilfe für pädagogische Fachkräfte‘ und die Elternbroschüre „Starke Kinder • Starke Familie. essen & trinken, bewegen & entspannen“ entwickelt.

Die Pilotphase des Projekts wurde von einer bundesweiten Beratergruppe aus Experten und Fachpraktikern begleitet. Die wissenschaftliche Evaluation lag bei Professor Wolfgang Tietze von der Freien Universität Berlin und dem Institut PädQUIS. Eine Übersicht zu den Evaluationsergebnissen findet sich im Unterkapitel „Ergebnisse der wissenschaftliche Begleitung von ‚Gesunde Kitas – starke Kinder‘“.

Projektbausteine an den Standorten: An jedem der Pilotstandorte startete das Projekt mit einer öffentlichen Auftaktveranstaltung, bei der die Grundideen anschaulich und spielerisch vorgestellt wurden. Hier erlebten Kinder, Eltern und pädagogische Fachkräfte die Inhalte und Arbeitsweise des Projekts theoretisch sowie praktisch. Die fachlichen Grundlagen wurden in einer weiteren Veranstaltung mit Fachexperten, die sich vorrangig an die Kita-Teams richtete, vorgestellt.

Die örtliche Projekt-Arbeitsgruppe, bestehend aus Trägervertretern, Jugendamt, Gesundheitsamt, örtlichen Netzwerkpartnern und weiteren, begleitete an jedem Standort mit drei bis vier Arbeitstreffen den Projektverlauf und war Ausgangspunkt für die Einrichtung weiterführender Arbeitsgruppen, Projekte etc.

Der Kernarbeitsprozess der Kitas: Der eigenständige Arbeitsprozess der Einrichtungen im Projekt „Gesunde Kitas – starke Kinder“ ist in Abb. 2.1 skizziert. Er begann mit einem eineinhalbtägigen moderierten Einstiegsworkshop, an dem jeweils mehrere Kita-Teams teilnahmen. Hier erstellte jedes Kita-Team – die pädagogischen Fachkräfte einer Kita sowie teilweise auch hauswirtschaftliche Kräfte oder Therapeuten – für die eigene Einrichtung eine individuelle Bestandsaufnahme. Sie erarbeiteten 5 Ziele und daraus ein erstes Arbeitsprogramm für ihre Einrichtung. Als Grundlage diente der erwähnte Referenzrahmen.

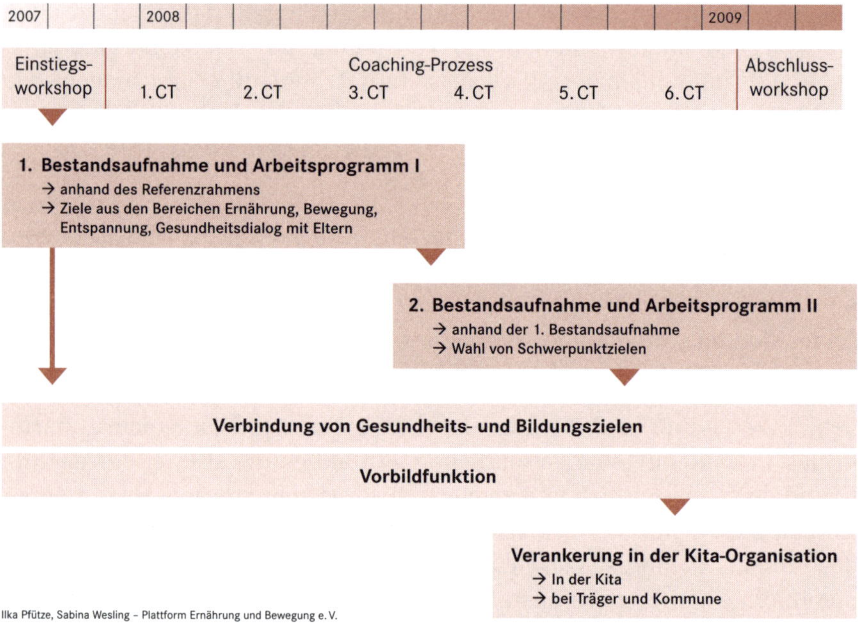

Abb. 2.1: Arbeitsimpulse und Arbeitsschritte an einem Pilot-Standort; CT = Coaching-Termin (Eigendarstellung)

Ihr individuelles Arbeitsprogramm setzte jede Kita während des Projektverlaufs in ihrer Einrichtung um. Bei diesem Entwicklungsprozess wurde sie durch einen peb-Kita-Coach begleitet. Die Zahl der Team-Coachings betrug an den Pilotstandorten durchschnittlich sechs und am Transferstandort Halle an der Saale fünf Termine à zwei Stunden.

Die peb-Coaches fanden gemeinsam mit dem Team Lösungen, um die selbst gesteckten Ziele kleinschrittig im Kita-Alltag zu erreichen. Dabei griffen sie bereits bestehende Routinen der Gesundheitsförderung und persönliche Fähigkeiten der pädagogischen Fachkräfte konstruktiv auf. Der Coachingprozess unterstützte die Kita-Teams durch gezielte Arbeitsimpulse (Abb. 2.1) und geeignete Methoden. Neben den unterschiedlichen individuellen Schwerpunkten der Kitas wurde stets das gesamte Spektrum des Referenzrahmens bearbeitet.

Ein abschließender Workshop in jeder Pilotkommune, an dem die beteiligten Einrichtungen sowie kommunale Vertreter, Fachberatungen, Träger, Kooperationspartner und weitere interessierte Kitas teilnahmen, diente der Darstellung, dem Austausch und der Diskussion der Ergebnisse. Darüber hinaus wurden in der letzten einrichtungsspezifischen Arbeitsphase in den Abschlussworkshops Maßnahmen zur langfristigen Sicherung der Erfolge und zum Transfer in weitere Einrichtungen entwickelt. Darauf baut die zukünftige Zusammenarbeit zwischen den Kitas und ihren Trägern bzw. Fachberatungen auf.

Erfahrungen und Erfolge aus den Pilot-Kitas

Die Pilot-Kitas legten während des Projektzeitraums den Schwerpunkt in ihrer Einrichtung auf einen gesundheitsfördernden Alltag und Gesundheitsförderung wurde verstärkt in die Bildungsarbeit mit Kindern und in den Dialog mit Eltern integriert. Im Zeitraum von rund zwei Jahren erreichten die Einrichtungen ihre selbst gewählten Ziele weitgehend. In vielen Einrichtungen entwickelten sich Angebote und Routinen, die weit über die ursprüngliche Zielsetzung hinaus reichten. Projektziel war es, vor allem Routinen im Kita-Alltag zu schaffen und weniger einmalige Aktionen durchzuführen. Gesundheitsförderung wurde als Schwerpunkt im Tagesablauf und der Konzeption verankert. Ausgeprägte Fortschritte zeigten sich bei den Themen, auf die einzelne Einrichtungen ihren jeweiligen Schwerpunkt gesetzt hatten.

Da die Ausgangssituation und die Rahmenbedingungen (Kinderanzahl, Räumlichkeiten, personelle Ressourcen, Träger, Konzept) in den Kitas variierten, gestalteten sich die Entwicklungsprozesse in den einzelnen Einrichtungen in Bezug auf die Ziele sowie die Qualität und die Geschwindigkeit der Zielerreichung sehr unterschiedlich. Dies stand zudem in engem Zusammenhang mit dem Stand der Organisations- und Personalentwicklung der jeweiligen Einrichtung.

Die kontinuierliche Prozessdokumentation der peb-Kita-Coaches zeigt vielfältige Maßnahmen auf, die während der Pilotphase in den beteiligten Einrichtungen in den Kita-Alltag integriert und konzeptionell verankert wurden. Typische Maßnahmen aus den Themenbereichen Ernährung, Bewegung, Entspannung und Gesundheitsdialog mit den Eltern sind in Tabelle 2.1 zusammengefasst. Auch die Erweiterung der Lern- und Bildungsdokumentation in den Bereichen Ernährung, Bewegung und Entspannung war ein wichtiges Ergebnis des Projekts.

Ernährung	**Bewegung**
• Regelmäßige Koch- und Frühstücksbuffettage mit Kindern und Eltern • Regelmäßige Beteiligung der Kinder bei der Speiseplanerstellung, beim Tischdecken und Abräumen • Bewusste Gestaltung der Tischatmosphäre (Tischdekoration, Regeln) • Veränderung des Speiseplanes (z. B. Wechsel des Caterers) • Erstellen eines Kinderkochbuchs • Einführung einer Trinkbar	• Vermehrte Bewegungsangebote (frei und angeleitet; altersdifferenziert) • Bewegungs- und Entspannungsangebote kombiniert • Regelmäßige Bewegungsbaustellen • Wöchentlicher oder 14-tägiger Wald- oder Ausflugstag • Bewegungspausen im Alltag • Regelmäßiges Joggen mit Kindern, Eltern, pädagogischen Fachkräften
Entspannung	**Gesundheitsdialog mit Eltern**
• Einführung regelmäßiger Entspannungsangebote (Bücherstunden, Meditationen, spielerische Baby- und Kindermassagen, Wahrnehmungsspiele, Entspannungsgeschichten)	• Vermehrte Einbindung der Eltern z. B. durch Kochnachmittage, Umgestaltung des Außengeländes, „Event"tage, Elternumfragen, Obst- und Gemüsespenden

• Vermehrte Ruhepausen und ruhigere Übergänge von einer Aktivität zur nächsten durch Umstrukturierung des Tagesablaufs • Einrichtung und Umgestaltung von Rückzugsmöglichkeiten und Entspannungsecken/-räumen	• Nutzung von Kompetenzen der Eltern (z. B. Zubereitung internationaler Gerichte mit Kindern von Eltern mit Migrationshintergrund, Yogaangebote eines Elternteils für Kinder und Eltern) • Vermehrte Transparenz (Fotowände, Tagebücher, Lerngeschichten, Film über Gesundheitsförderung in Kitas, Flyer zur Gesundheitsförderung, Infowand zu Gesundheitsthemen) • Elternabende zu Gesundheitsthemen mit praktischem und theoretischem Anteil • Gestaltung von Festen, Aktionen und Projektwochen für Eltern und Kinder mit gesundheitlichem Schwerpunkt

Tab. 2.1: Maßnahmen aus den Themenbereichen Ernährung, Bewegung, Entspannung und Gesundheitsdialog mit den Eltern

Übergreifend und strukturbildend waren beispielsweise räumliche Veränderungen wie die Schaffung von Räumen/Funktionsbereichen für Entspannungs- und Bewegungsangebote, Umgestaltung des Außengeländes mit Kindern und Eltern oder Neu-/Umgestaltung eines Personalraums. Durch die Integration regelmäßiger Entspannungs-, Bewegungs-, Geschmacks- und Wahrnehmungsspiele bzw. Übungen im Alltag (z. B. Bewegungsgeschichte im Morgenkreis, Geschmacksspiel beim Nachmittagssnack, Traumreise vor dem Schlafen) wurden gesundheitsförderliche Routinen geschaffen.

Die begleitenden Prozesse zur Weiterentwicklung der Organisation und der Teams wirkten in den beteiligten Einrichtungen motivationssteigernd. Die Zusammenarbeit im Team intensivierte sich. Persönliche Kompetenzen einzelner pädagogischer Fachkräfte und das Potenzial der Teams wurden verstärkt gefördert. Etliche pädagogische Fachkräfte nutzten Supervisionen und Fortbildungen, um sich gezielt weiter zu entwickeln. Die Fortschritte in der Teamentwicklung zeigten sich auch in Veränderungen wie klareren Vereinbarungen in der Organisation, deutlicheren Zuständigkeiten, der Vereinbarung von Regeln, dem Setzen von Grenzen oder einer besseren Kommunikationsstruktur. Die beteiligten pädagogischen Fachkräfte reflektierten ihre Vorbildfunktion in Bezug auf einen gesundheitsförderlichen Lebensstil. Eine bewusste und gesündere Gestaltung der Pausen der Mitarbeiter oder Personal-Gesundheitstage waren Resultate, die auch der betrieblichen Gesundheitsförderung zugute kamen.

Auswirkungen auf Fachkräfte, Kinder und Eltern

Die wissenschaftliche Evaluation zeigt, dass alle Beteiligten – die Kinder und ihre Eltern und die Teams – von dem Projekt profitierten. Diese einhellige Einschätzung der Fachkräfte und Leitungen über alle Standorte hinweg werden auch durch die Ergebnisse aus der Prozessdokumentation der peb-Kita-Coaches bestätigt.

Die **Kinder** in den Pilot-Einrichtungen waren nach Aussagen der pädagogischen Fachkräfte und der Kita-Leitungen während des gesamten Projektzeitraums von den Veränderungen und Routinen begeistert und profitierten sehr von den regelmäßigen Angeboten und den Umstrukturierungen. Sie entwickelten ein stärkeres Bewusstsein für einen gesunden Lebensstil. Außerdem aßen die Kinder mehr Obst und Gemüse, suchten die vielfältigen und zahlreichen Bewegungsmöglichkeiten in den Kitas selbstständig auf und signalisierten den pädagogischen Fachkräften ihr Bedürfnis nach Ruhe und Entspannung. Die Kinder waren durch regelmäßige Entspannungsangebote wie z.B. die tägliche „Traumraumstunde“ und zusätzlich geschaffene Rückzugsmöglichkeiten ausgeglichener und entspannter. Mit Hilfe von Bewegungsbaustellen entfalteten Kinder ihre Kreativität, verbesserten das soziale Miteinander, erfuhren ihre Selbstwirksamkeit und machten neue Bewegungserfahrungen. Durch das selbstständige Kochen und Zubereiten von kleinen Mahlzeiten lernten Kinder zu genießen, aßen bewusster und waren neugieriger auf ihnen noch unbekannte Lebensmittel.

Neben einem gesunden Kita-Alltag erlebten die Kinder in den Pilot-Einrichtungen auch, dass Gesundheit Teil des Bildungsprozesses ist: Kinder beschäftigten sich mit den Komponenten gesunder Ernährung und der

Bedeutung der Bewegung und Entspannung – sie gestalteten den Speiseplan mit; lernten durch das regelmäßige Zubereiten unterschiedliche Gemüsesorten kennen und erlebten, wie wichtig Bewegung und Entspannung für den Kreislauf des Körpers und das eigene Wohlbefinden sind.

Pädagogische Fachkräfte und **Kita-Leitungen – sowohl individuell als auch im Team** profitierten in besonderer Weise von den Workshops und Coachings. Interaktions- und prozessbezogene Komponenten, also die Workshops und der Coachingprozess, fanden besondere Zustimmung, da dort den Kita-Teams Unterstützung bei der Formulierung der Ziele sowie der Planung der Umsetzungsschritte geboten wurde. Darüber hinaus erfuhren die Kita-Teams während des Coachingprozesses eine positive Beeinflussung der Organisations- und Teamentwicklung. Gleichzeitig erhöhte sich die Transparenz und Reflexion im Team und die Transparenz der Arbeit gegenüber Eltern, was auf positiven Zuspruch und Wertschätzung stieß.

Durch die intensive Beschäftigung mit den Basisthemen der Gesundheitsförderung und die regelmäßige Reflexion im Team wurden sich die pädagogischen Fachkräfte ihrer **Vorbildfunktion** bewusster, viele reflektierten diese regelmäßig und leben seitdem den Kindern einen gesunden Lebensstil in der Kita noch bewusster vor. Dies wirkte sich positiv auf die Wahrnehmung der eigenen Gesundheitsinteressen der pädagogischen Fachkräfte aus. Sie äußerten verstärkt ihr Bedürfnis nach **gesundheitsfördernden Rahmenbedingungen** und setzten sich Ziele in diesem Bereich. Viele Kita-Teams gestalten seitdem ihre **Pausen** bewusster und gesünder (z. B. durch Spaziergänge, Entspannungsübungen in der Pause) und schaffen Rahmenbedingungen, um diese ungestört nutzen zu können.

Auch die **Eltern** der Kinder in den Piloteinrichtungen konnten durch das Projekt auf die Bedeutung eines gesunden Lebensstils verstärkt angesprochen werden. Sie halten Ernährung, Bewegung und Entspannung für wichtige Themen in ihrem Familienalltag und äußerten eine hohe Zufriedenheit mit der Aktivität der Pilot-Kitas zu diesen Themen sowie mit deren Informations- und Dialogangeboten. Die Prozessdokumentation der peb-Kita-Coaches hebt hierzu hervor, dass die Pilot-Kita-Teams im Projektverlauf den Gesundheitsdialog mit den Eltern und die Möglichkeiten zur Elternbeteiligung deutlich intensivierten.

Was bleibt auch nach Ende des Projekts?: Wirklich erfolgreich sind Projekte nur, wenn sie auch nach Projektabschluss noch lange weiterwirken. Welche dauerhaften Spuren konnte das Projekt „Gesunde Kitas – starke Kinder“ hinterlassen?

Gesundheitsförderung wurde in nahezu allen Einrichtungen eine selbstverständliche Alltagsroutine, wie viele Beispiele aus den beteiligten Kitas im Kapitel „Aus der Praxis für die Praxis“ zeigen. Auch in den Standortkommunen wurden nachhaltige Strukturveränderungen geschaffen.

Durch die Thematisierung von Nachhaltigkeit im letzten Coaching-Termin sowie im Abschlussworkshop arbeiteten die Kitas noch einmal gezielt an der langfristigen Verankerung der Gesundheitsförderung in ihrer Einrichtung. Hier einige Beispiele und Anregungen zur langfristigen Verankerung aus den beteiligten Kitas:

- Gesundheitsförderung als Schwerpunkt der Konzeption
- Regelmäßige Reflexion, Austausch und Motivation im Team
- Festgelegte Zuständigkeiten für Gesundheitsbereich(e) im Team
- Fortbildungen im Bereich Gesundheitsförderung und Teamentwicklung
- Förderung der Vorbildfunktion
- Beibehaltung realistischer Ziele – Prinzip der kleinen Schritte und deren Wertschätzung
- Selbstevaluation, Qualitätsmanagement
- Dokumentation (Lern- und Entwicklungsdokumentation der Kinder)
- Transparenz der Arbeit für Eltern und Öffentlichkeit
- Dialog mit und regelmäßige Einbindung der Eltern

- Zusammenarbeit mit Kooperationspartnern (Fachleuten, Sponsoren, Entwicklung zur Bewegungs-Kita)
- Kita- und trägerübergreifender Austausch (Gesundheitsteams, Arbeitskreis) und Hospitation

Nachhaltigkeit an den Pilot-Standorten

Mit dem Projekt „Gesunde Kitas – starke Kinder“ vernetzte die Plattform Ernährung und Bewegung trägerübergreifend die Fachberatungen, Vertreter der Kommunen und Kooperationspartner untereinander. Dies gelang durch die Einführungsveranstaltungen, die beiden Workshops und die das Projekt begleitenden Arbeitsgruppen an den Pilot-Standorten. Der Transfer in weitere Einrichtungen wurde durch die Abschlussworkshops sowie die regionalen Projektarbeitsgruppen bereits während der Pilotphase angestoßen.

An allen vier Pilot-Standorten entwickelten sich in Folge weiterführende Strukturen und Angebote zur Sicherung der Nachhaltigkeit und zum Transfer in weitere Einrichtungen:

- In Mülheim/Ruhr wurde das kommunale Projekt Prima Leben, das ebenfalls auf den drei Säulen Ernährung, Bewegung und Entspannung aufbaut, auf den Weg gebracht. Vom Projekt, das langfristig in allen Kitas angeboten werden soll, profitieren zunächst Einrichtungen in sozial benachteiligten Stadtteilen.
- In Bielefeld ist die Entwicklung von Standards für den Bereich Gesundheitsförderung in Kitas geplant.
- Die Kita-Fachberatungen des Landkreises Augsburg und der Regierung von Schwaben bieten einen weiterführenden Arbeitskreis und Vernetzungsmöglichkeiten für die Pilot-Kitas und weitere interessierte Kitas an.
- In München führen die Fachberatungen der Stadt einen Arbeitskreis zur Gesundheitsförderung fort, ein Gesundheitshandbuch ist in Planung und das Vorgehen des Projekts wird den zuständigen Leitungs- und Koordinationsgremien vorgestellt und empfohlen.

Gesundheitsförderung – ein Thema mit vielen Facetten

Marfa John

In der frühen Kindheit (im Alter zwischen neun Wochen und sechs Jahren) wird die kognitive, physische, psychische und soziale Entwicklung durch Gesundheit und Wohlbefinden nachhaltig beeinflusst. Armut, familiäre Problemlagen, wie Arbeitslosigkeit, psychische Erkrankungen der Eltern oder Benachteiligungen jeglicher Art stellen eine große Bedrohung für die kindliche Gesundheit dar. Der Münchner Armutsbericht 2007 (Romaus 2007) verzeichnet eine steigende Zahl von Familien, die von Transferleistungen leben. „Mit der anhaltend hohen Armutsquote in dieser Altersgruppe werden die zunehmenden Gesundheitsprobleme und auch die ungleichen Gesundheitschancen von Kindern in Zusammenhang gebracht“ (Kohring 2010).

Die Kinderkrippen der Landeshauptstadt München stellen sich dieser Herausforderung. Bereits seit 1995 beschäftigen wir uns intensiv mit der Erstellung einer Konzeption der pädagogischen Arbeit und dabei ganz besonders auch mit den Themen Ernährung, Bewegung, Entspannung, Körpererfahrungen, Sexualität, Hygiene und Suchtprävention. Die pädagogische Rahmenkonzeption der Kinderkrippen der Landeshauptstadt München wurde, nach der gesetzlichen Verankerung des Bayerischen Bildungs- und Erziehungsplans 2008 in einem breiten Beteiligungsprozess mit pädagogischen und hauswirtschaftlichen Fachkräften überarbeitet. Die Wichtigkeit der primärpräventiven Gesundheitsförderung wurde im kontinuierlichen gemeinsamen Zusammenwirken mit Familien und Kooperationspartnern, wie beispielsweise externen Fachkräften des Gesundheitswesens, Sportwissenschaftlern oder Kinderärzten und Psychologen, beschrieben und formuliert.

In der Kinderkrippe wirkt Gesundheitsförderung präventiv, in dem Kinder für ihren Körper, für eine gesunde Ernährung und Entwicklung sensibilisiert und gestärkt werden. „Die Unterstützung eines gesundheitsförderlichen Lebensstils von Kindern sowie die Förderung der

Erziehungskompetenzen von Eltern ist eine Querschnittsaufgabe in der pädagogischen Arbeit der Kinderkrippen" (Landeshauptstadt München 2008).

Wohlbefinden ist also beides: eine Voraussetzung und das Ziel der Gesundheitsförderung. Es betrifft alle Aufgabenfelder der Kinderkrippe, z. B. die Gestaltung von Übergängen, Lernerfahrungen und Bildungsbereiche einer Kinderkrippe, Resilienz, Entwicklung der Sprache, körperliche Entwicklungsprozesse und die Erziehungs- und Bildungspartnerschaft mit Müttern und Vätern sowie Aspekte der Bau- und Raumausstattung, Gruppenatmosphäre, Geborgenheit, Selbstbestimmung, Bewegung und Entspannung und der Umgang mit Gefühlen und dem Körper.

Durchgängiges Prinzip pädagogischer Arbeit

Gesundheitsförderung muss also ein durchgängiges Prinzip in der pädagogischen Arbeit sein – so sehen wir dies für die städtischen Kinderkrippen und KinderTagesZentren. Kein Projekt oder eine einmalige Kinder- und Elternaktion kann gesundheitsfördernd sein. Notwendig ist vielmehr die tägliche Auseinandersetzung mit der eigenen Haltung gegenüber Ernährung, Bewegung und Entspannung. Gesundheit entsteht durch ein gesundes Vorbild und den sorgsamen Umgang mit den eigenen Ressourcen. Wie geht das, wenn ich mich bisher kaum damit beschäftigt habe? In den Fachakademien für Sozialpädagogik wird dieses Thema – wenn überhaupt – nur oberflächlich behandelt. Was bietet eine Organisation, wie die Landeshauptstadt München, um Gesundheitsförderung in ihren Einrichtungen zu verankern?

Gesundheitsförderung ist ein Thema mit vielen Facetten, das pädagogische und hauswirtschaftliche Fachkräfte aus Kinderkrippen, Kitas und KinderTagesZentren herausfordert. Die Qualität der Gesundheitsförderung zu überprüfen und mit Familien und Kindern zu beobachten, zu diskutieren und Lern- und Entwicklungsschritte zu dokumentieren, ist daher ein immer wichtiger werdender Bestandteil der ganzheitlichen Arbeit in Einrichtungen – und eine gute Voraussetzung, um am peb-Projekt „Gesunde Kitas – starke Kinder" mitzuwirken und die Qualität der alltäglichen Gesundheitsförderung an Einrichtungen zu überprüfen und nachhaltig weiterzuentwickeln.

Mit dem Projekt „Gesunde Kitas – starke Kinder“ (von 2007–2009) wollte die Abteilung Kindertagesbetreuung die pädagogische Rahmenkonzeption und Konzeptionen der Einrichtungen auf eine ganzheitliche Gesundheitsförderung überprüfen. Dabei wollten wir gleichzeitig die Bildungs- und Entwicklungsprozesse der Kinder stärken, weiterentwickeln, beobachten, dokumentieren und mit allen Eltern bzw. Familien in den Einrichtungen diskutieren. Der Aspekt eines Gesundheitsdialogs mit Eltern und den Teams der Einrichtungen war, so stellten wir am Anfang des Projekts fest, noch nicht in allen Einrichtungen verankert. Die Abteilung Kindertagesbetreuung interessierte sich besonders für eine Überprüfung ihrer bisher bestehenden Rahmenbedingungen, z. B. der Bereitstellung der Frischkostküchen mit kompetenten Fachkräften, Personalentwicklung durch spezifische Fortbildungen und einer nachhaltigen Verankerung der Gesundheitsförderung in der Organisations- bzw. Personalentwicklung.

Trägerübergreifender Arbeitskreis Bewegung, Ernährung und Entspannung (BEE)

Eine Fachbereichsleitung der städtischen Kinderkrippen koordinierte das peb-Projekt und installierte einen regelmäßigen Arbeitskreis mit allen, insgesamt zehn, Piloteinrichtungen in freier und städtischer Trägerschaft (AWO, katholische Einrichtungen, Kindergärten des Schulreferates und Kinderkrippen). Dieser Arbeitskreis beschäftigte sich insbesondere mit den Erfahrungen und Ergebnissen der Einrichtungen sowie mit der Vernetzung von Einrichtungen untereinander und der Kooperation mit externen Beratern bzw. den peb-Coaches. Durch die intensive Bearbeitung der Basisanforderungen (Fragen zur Ernährung, Bewegung, Entspannung und dem Gesundheitsdialog mit Eltern) mit allen Teammitgliedern der Einrichtungen (pädagogische und hauswirtschaftliche Mitarbeiter) mit den Coachs stellten sich folgende Entwicklungsaspekte heraus:

- Es gab zu wenig Entspannungsbereiche für Kinder und Mitarbeiter.
- Kinder tranken zu wenig.
- Kinder beteiligten sich selten an der Gestaltung des Speiseplans.
- Sportgeräte und regelmäßige Sportangebote fehlten.
- Entwicklungsgespräche wurden bisher zu selten unter dem Aspekt Gesundheitsförderung angeboten.
- Dokumentationen von Lern- und Bildungsprozessen im Bereich Ernährung und Entspannung waren nicht im Fokus der Mitarbeiter.
- Fortbildungsmaßnahmen für das gesamte Team für den Bereich Gesundheitsförderung wurden bisher nicht angeboten.
- Ernährung und Bewegung waren Bereiche der Gesundheitsförderung, die in Hauskonzeptionen der Einrichtungen gut beschrieben waren. Andere Bereiche wie z. B. Entspannung fehlten.

Der Arbeitskreis unterstützte die hauswirtschaftlichen und pädagogischen Fachkräfte in der Umsetzung ihrer Ziele, z. B. Sinnesräume, Rückzugsräume für Mitarbeiter einzurichten durch kollegiale Beratung und Ideen. Einrichtungen wendeten sich an die Fachbereichsleitung um neue Pausenregelungen bzw. Rückzugsmöglichkeiten für Mitarbeiter zu besprechen oder um Sport- und Bewegungsgeräte zu bestellen bzw. Umgestaltungen des Gartens genehmigen zu lassen.

Was war wichtig am Coaching-Prozess?

Erste Erkenntnis des Coachings: Die Rahmenbedingungen für Gesundheitsförderung in den Einrichtungen in München sind gut. Die Motivation zur Umsetzung ist bei den hauswirtschaftlichen und pädagogischen Fachkräften sehr hoch. Entwicklungsbedarf besteht beispielsweise bei der Dokumentation, Haltung und Einstellung zum eigenen gesundheitsbewussten Lebensstil, Überarbeitung der Hauskonzeptionen, Entwicklung von Beratungsangeboten und Schulung für Multiplikatoren.

Es ging mit sehr großen Schritten voran. Die Einrichtungen verwirklichten eine Fülle von Veränderungen in den Bereichen Ernährung, Bewegung, Entspannung, Elterndialog, Gesundheitsförderung für das Personal und Teamentwicklung.

Fruchtbar war der trägerübergreifende Arbeitskreis durch die intensive Zusammenarbeit von Leitungen der Einrichtungen und der Fachbereichsleitung bzw. Koordinatorin. Zur Sicherung der Nachhaltigkeit blieb er auch nach Ende des peb-Projekts bestehen. Dort entwickeln wir die Ziele einer gesunden Kita bzw. Kinderkrippe weiter und können diesen Austausch weiterempfehlen.

Das im Projekt erarbeitete Wissen unserer Piloteinrichtungen bedeutet uns viel. Deshalb schulen wir jetzt interessierte Leitungen der Piloteinrichtungen zu Multiplikatoren durch pädagogische und hauswirtschaftliche Experten. Sie können wieder Kollegen schulen und wir erreichen einen Transfer der Gedanken zum gesunden Lebensstil und Gesundheitsförderung in alle städtischen Kinderkrippen. Ein Multiplikatorenkonzept mit Evaluationsfragebögen und eine Materialsammlung von Beispielen guter Praxis stellte der Arbeitskreis für die Teams in den Kinderkrippen zur Verfügung.

Zusätzlich bietet die Koordinatorin und Fachbereichsleitung Pädagogik Workshops für die Fachkräfte bzw. für das Gesamtteam der Einrichtungen an, in denen die Haltung, Vorbildfunktion, eigene Ressourcenfindung sowie gemeinsame Kommunikationsformen oder auftauchende Konflikte miteinander besprochen und in Rollenspielen erlebbar werden.

„Kita-Frühling“ Halle

Antje Meißner-Trautwein und Ruth Hammerbacher

Halle an der Saale war der erste Transferstandort von „Gesunde Kitas – starke Kinder“. Der Vorteil des Projekts in Halle war, dass wir zurückgreifen konnten auf einen bereits eingeleiteten Organisationsentwicklungsprozess in den Kitas und des kommunalen Trägers durch das Projekt „Kita-Frühling“ und auf die positiven Erfahrungen der ersten Projektphase, von 2007 bis 2009. Die verwendeten Arbeitsmaterialien entsprachen denjenigen der Pilotstandorte.

Zwölf Kindertageseinrichtungen mit insgesamt 144 Mitarbeitern und 1290 Kindern im Alter von 0–10 Jahren waren beteiligt. Das Projekt wurde gemeinsam durch die Plattform Ernährung und Bewegung, die Stadt Halle an der Saale und das Institut „bildung:elementar“ durchgeführt. Als peb-Kita-Coach war in erster Linie die Diplom-Pädagogin Antje Meißner-Trautwein in den Pilot-Kitas tätig.

Das Konzept wurde für die Umsetzung in Halle gestrafft und beinhaltete folgende Veränderungen gegenüber dem aufwändigeren Vorgehen an den Pilotstandorten:

- Konzeption des Projektes als Vertiefungsprojekt des „Kita-Frühlings“, einem von McKinsey entwickeltem Organisations- und Qualitätsentwicklungsprozess für die Kindertagesstätten des Eigenbetriebs der Stadt Halle, etabliert seit 2007.
- Integration der Inhalte der öffentlichen Auftaktveranstaltung mit der fachlichen Einführung (an den Pilotstandorten zwei gesonderte Veranstaltungen). Hierdurch entfiel eine öffentliche Veranstaltung.
- Verringerung der durchschnittlichen Zahl der Coaching-Termine mit den Projekt-Kitas von 6 bis 7 auf 5 Termine.
- Vereinfachungen bei der laufenden Ergebnisdokumentation.

Einstieg in das Projekt

Zu Beginn des Projekts im Frühjahr 2008 arbeiteten sich die Teams individuell anhand der Arbeitshilfe ein in die Schwerpunkte Ernährung, Bewegung und Entspannung. Ende Mai 2008 fand eine Auftaktveranstaltung in einer Sporthalle statt, mit rund 400 Teilnehmern – pädagogischen Fachkräften, Eltern und Kindern der Projekt-Kitas sowie weiteren Interessierten, Vertretern der Fachöffentlichkeit und der Stadt Halle. Für die Kinder gab es während der ganzen Veranstaltung betreute Mitmachangebote zu den Themen Ernährung, Bewegung und Entspannung. So konnten die Kinder gemeinsam mit ihren Eltern den Geist des Projekts mit allen Sinnen erfahren.

Der zentrale erste Arbeitsschritt der Projekt-Kitas erfolgte in zwei eineinhalbtägigen Workshops, in denen sich jeweils mehrere Teams ihre Bestandsaufnahme und ein erstes Arbeitsprogramm anhand des Referenzrahmens von „Gesunde Kitas – starke Kinder“ erarbeiteten.

Das Coaching

Das individuelle Team-Coaching absolvierten zehn Einrichtungen bis zum Abschlussworkshop mit jeweils fünf Coachingterminen; in zwei Kitas genügten vier Coaching-Termine, weil sie aufgrund des Referenzrahmens als fortgeschritten im Entwicklungsstand eingestuft werden konnten.

Aktivierungs- bzw. Entspannungsübungen standen am Beginn und Ende jedes Coaching-Termins. Die gemeinsame Ermittlung des Arbeitsstandes war wesentlicher Bestandteil der Coaching-Treffen: Entwicklungen, Wege, Rückschläge, Erfolge und Aktionen im Kita-Alltag – alles war wichtig. Rege Diskussionen, kollegialer Austausch sowie theoretische Auseinandersetzungen über Begriffe und Herangehensweisen im Kontext von Ernährung, Bewegung und Entspannung waren die gewünschte Folge. Die Struktur der Coaching-Termine wurde von einigen Kitas als Routine für eigene Teamsitzungen übernommen.

Je nach Arbeitsstand der Kitas während des Coachingprozesses, jedoch nicht vor dem dritten Termin, kam es zum Einsatz der vertieften Bestandsaufnahme. Hierbei erhielten die Teams die Gelegenheit, sich erneut mit den Basisanforderungen des Referenzrahmens des Projekts auseinanderzusetzen und ihren Entwicklungsstand zu hinterfragen. Hierzu wurde erneut auf das Arbeitsmaterial aus den Einstiegsworkshops zurück gegriffen. Die Teams wurden gebeten, sich anhand der Kriterien noch einmal neu einzuschätzen. Ihre eigene persönliche Bestandsaufnahme zu Beginn des Projekts lag ihnen dabei nicht vor. Nach der vertieften Bestandsaufnahme verglich der peb-Coach beide Selbsteinschätzungen miteinander und stellte den Teams beim nächsten Treffen den Entwicklungsstand vor. Daraus resultierten neue Impulse für weitere Arbeitsziele.

Ergebnisse aus Sicht des Coaches

Was hat sich in den beteiligten Kitas getan? Die folgenden Aussagen zu den Ergebnissen des Projekts in den beteiligten Einrichtungen resultieren aus den Einschätzungen der Coaches nach dem Ende des Projekts auf Basis der Prozessdokumentation, insbesondere aus der vertieften Bestandsaufnahme. Einige der beteiligten Kitas berichten im Kapitel „Aus der Praxis für die Praxis“ selbst über ihre Erfolge.

Ernährung: Die Umsetzung der Kriterien ist nach Ende der Projektphase im Bereich Ernährung am weitesten fortgeschritten. Neben vielfältigen kreativen, ästhetischen und gesundheitsfördernden Ideen und Aktionen gibt es in den Projekt-Kitas eine systematische Entwicklung hin zu gesundheitsfördernden Strukturen. Nach und nach überdachten fast alle Teams ihre Essenssituationen zum Frühstück, zum Mittag und auch zur Vesper. Inhalte der Diskussionen ranken sich um typische Themen:

- Was gibt es zu essen? Wann gibt es Essen? Ist das, was die Kita anbietet, ausgewogen, abwechslungsreich und ansprechend? Ist das, was Eltern ihren Kindern mitgeben, ausgewogen, zu viel, zu wenig?

- Wie können gesundheitsfördernde Essgewohnheiten vorgelebt werden?
- Welche räumlichen und zeitlichen Gegebenheiten müssen überdacht und wenn nötig verändert werden?
- In welche Zubereitungsprozesse beziehen wir Kinder und Eltern mit ein?

Die in den Teams diskutierte Themenvielfalt war groß. Die Teams nutzten die gemeinsamen Treffen, um sich ebenso über Nahrungsergänzungsmittel auszutauschen wie über das Für und Wider von Bio-Produkten, den Anbau von Kräutern und saisonalem sowie regionalem Gemüse und Obst und vieles mehr.

Workshop zum Kita-Catering

„Gute Praxis des Kita-Catering“ – unter diesem Motto stand ein Workshop in Halle an der Saale. Kitas, Caterer und Vertreter des Eigenbetriebs kamen dabei ins Gespräch. Nach einer Bestandsaufnahme zur Situation des Kita-Caterings in Halle erarbeiteten die Teilnehmenden in Arbeitsgruppen folgende Schwerpunktthemen:

- Soll der Eigenbetrieb Qualitätsstandards festsetzen? Welche?
- Wie können Eltern stärker einbezogen, beraten, beteiligt werden?
- Welche Möglichkeiten der Präsentation der Speisen gibt es? Was können Caterer und Kitas gemeinsam für die „Tischkultur“ tun?
- Wie kann tägliche Frischkost (Obst/Gemüse) realisiert werden?
- Wie muss ein kleinkindgerechtes Angebot aussehen?

Kitas, Eigenbetrieb und Caterer benannten für ihren jeweiligen Bereich Verbesserungsbereiche, konkrete Handlungsmöglichkeiten und erste Arbeitsschritte. Seit dem Workshop meldeten die Kitas im Coachingprozess positiv zurück, dass sich z. B. die Kommunikation mit den Caterern oder die Versorgung mit Frischkost und unverarbeiteten Produkten unkomplizierter gestalteten.

Entspannung: Entspannung war der Bereich, in dem sich, wie auch an den Pilotstandorten, ein hoher Bedarf und die größten Entwicklungsschritte abzeichneten. Am Transferstandort Halle wurden von den Projekt-Kitas, angeregt durch das Projekt, eigenständige Weiterbildungen organisiert, an denen aus sieben Einrichtungen jeweils zwei bis vier pädagogische Fachkräfte teilnehmen konnten. Insgesamt gesehen wurden für den Bereich Entspannung von den Einrichtungen auch die meisten Anschaffungen für die Ausstattung von Entspannungsräumen oder Rückzugsmöglichkeiten getätigt.

Die vertiefte Bestandsaufnahme gab den meisten Teams erneut Gelegenheit über die Gestaltung ihrer Innen- und Außenräume in punkto Entspannung sowie über die zu entwickelten Angebote nachzudenken. Teestunden, Massagen, Fantasiegeschichten, Kneippsche Abwendungen und vieles andere mehr sind mittlerweile Routinen in den Projekt-Kitas. Besonders hervorzuheben sind beim Aspekt der Entspannung die Rückmeldungen der Kinder und Eltern. Über die Teams wurde an den Coach zurückgemeldet, dass die Entspannungsangebote von den Kindern regelrecht eingefordert werden. Die pädagogischen Fachkräfte erleben besonders die lebhaften Kinder in Entspannungszeiten von einer neuen Seite und schätzen diesen Perspektivenwechsel sehr für ihre pädagogische Arbeit.

Bewegung: Im Bereich Bewegung haben fast alle Teams zur vertieften Bestandsaufnahme festgestellt, dass das genaue Beobachten der Bewegungsfähigkeiten von Kindern und die entsprechende Ableitung pädagogischer Angebote stärker in die Arbeit einbezogen werden muss. Die freie Nutzung des Außengeländes oder der Bewegungsräume hingegen wurde in fast allen Projekt-Kitas ohne Schwierigkeiten realisiert. Besonders die Planung und Umsetzung von Bewegungsbaustellen machte den Teams Spaß. Hierbei konnten auch Eltern aktiv bei der Planung und beim Beschaffen der notwendigen Materialien einbezogen werden.

Im Bereich Bewegung ließ sich für die pädagogischen Fachkräfte merklich die Brücke von den Basisanforderungen des Projekts „Gesunde Kitas – starke Kinder“ zum Bildungsprogramm von Sachsen-Anhalt schlagen. Der Bildungsbereich Körper, Bewegung und Gesundheit hebt dort hervor, dass Kinder Verantwortung für ihr körperliches Wohlbefinden und ihre Gesundheit zu übernehmen lernen, wenn Erwachsene den entsprechenden Rahmen dafür bieten. Die Bewegung spielt dabei eine herausragende Rol-

le, denn sie ist von entscheidender Bedeutung für die kognitive, emotionale und soziale Entwicklung jedes Kindes. Immer wieder kamen vor diesem Hintergrund Impulse für die Diskussion um die Vorbildwirkung von pädagogischen Fachkräften.

Gesundheitsziele und Bildungsinhalte: Die Verbindung von Gesundheitsthemen mit Bildungszielen musste in den Kitas in Halle nicht gesondert bearbeitet werden. Aus Sicht der Coach machte sich hier bemerkbar, dass durch das Bildungsprogramm des Landes Sachsen-Anhalt sowie durch den Organisationsentwicklungsprozess „Kita-Frühling“ des Trägers bereits eine Gewöhnung an integrierte Arbeitsweisen vorhanden war. Die kontinuierliche Arbeit mit dem Bildungsprogramm, das die Notwendigkeit der Verknüpfung der zentralen Aspekte des Kita-Projekts – Ernährung, Bewegung und Entspannung – mit den darin enthaltenen Bildungspotenzialen der Kinder herausstellt, ist seit 2004 Schwerpunkt der Kita-Teams bei der Umsetzung und Einführung. So wurden bei allen Aktionen, die erarbeiteten Routinen in den Bereichen Ernährung, Bewegung und Entspannung und die Bildungsinhalte von den Teams selbstverständlich gesehen, bedacht, diskutiert und dokumentiert.

Gesundheitsdialog mit Eltern: In den Halleschen Projekt-Kitas fiel eine breite Beteiligung von Kindern und Eltern oder Großeltern positiv auf. Die Ideen, Wünsche und aktive Selbstgestaltung der Kinder standen bei fast allen Aktivitäten und Routinen von Beginn der Planung über die Realisierung bis teilweise zur Dokumentation im Vordergrund. Das Einbeziehen und Beteiligen der Eltern nahm innerhalb des Projekts neue Formen der gelebten Erziehungspartnerschaft, z.B. durch gemeinsame Koch- und Backnachmittage, Themencafés, Spielnachmittage oder Aktionswochen zu den Themen Ernährung, Bewegung und Entspannung an.

Eine Projekt-AG von Praxisexperten aus Halle an der Saale und aus Landeseinrichtungen begleitete das Projekt. Projekt-Informationen über die Ziele, Sachstand, Aufgaben und Arbeitsweisen sowie nächste Arbeitsschritte im Projekt wurden hier gegeben. Die Mitglieder der Projekt-AG ergänzten wiederum wichtige Praxisaspekte für die Projektdurchführung in Halle.

Die Projektdurchführung in Halle an der Saale endete mit einem Abschlussworkshop mit allen Projekt-Kitas. Sie konnten die Projektergebnisse darstellen und Erfahrungen austauschen. Außerdem wurde diskutiert, wie die Projekterfolge langfristig gesichert und fortgeführt werden können.

Zusammen, individuell, schrittweise zum Erfolg

Ein persönlicher Rückblick auf zwei Jahre Projektverlauf

Ilka Pfütze

Im Projekt „Gesunde Kitas – starke Kinder“ betreute ich 25 Kindertageseinrichtungen an vier Standorten – Mülheim an der Ruhr, Bielefeld, München und Region Augsburg. Die Einrichtungen hatten nicht nur unterschiedliche Träger, sondern jede Kita hatte auch andere Voraussetzungen, durch die Organisationsstrukturen, die unterschiedlichen Räumlichkeiten, die Tagesabläufe, Programmpunkte und Schwerpunktthemen – aber vor allem bedingt durch die verschiedenen Persönlichkeiten der pädagogischen Fachkräfte und natürlich der Kinder und Eltern.

Genau wegen dieser Unterschiede waren viele Kita-Teams zu Beginn des Projekts skeptisch. Sie dachten: „Wir als individuelles Kita-Team bekommen jetzt wieder eine vorgefertigte Maßnahme, in die wir dann unseren Tagesablauf quetschen müssen.“ Die Skepsis und Zurückhaltung der Mitarbeiter bekam ich auch zu spüren, denn sie befürchteten, dass ich ihnen sagen würde, „wo es lang geht und was sie umsetzen sollen“. Aber in diesem Projekt sollte jede Kita in Orientierung am Referenzrahmen individuelle Ziele wählen und ich als Coach ihnen dabei helfen, sie passend für ihre Einrichtung umzusetzen. Genau dies war das Besondere.

> Es war spannend zu sehen, wie unterschiedlich die einzelnen Einrichtungen sind. Dies bedeutete, für jede Kita individuelle Lösungen zu finden.

Auch wenn die Bildungsziele der verschiedenen Kitas ähnlich waren, so sah die Umsetzung in die Praxis oder die Lösung für ein und dasselbe Problem in jeder Kita anders aus. Beispielsweise gestaltete die eine Kita eine Entspannungsmöglichkeit als Kissenecke im Gruppenraum, während eine andere Kita gruppenübergreifend ein „Traumland“ schuf und nutzte.

Wir als Coaches – als neutrale Personen von außen – begleiteten den Prozess, unterstützten die Teams bei der Strukturierung und Umsetzung der Ziele, halfen den Teams, Lösungsmöglichkeiten zu finden und kleine Hindernisse zu überwinden. Die Lösungsmöglichkeiten fanden sich dabei meist im Team selbst oder bei Eltern und Kooperationspartnern am Ort. Wir fanden sie durch gemeinsame Reflexion und Gespräche. Die Kita-Teams schätzten die individuelle Vorgehensweise und sahen sie am Ende des Projekts als einen bedeutenden Faktor für das Gelingen an.

Die gemeinsame Reflexion war wichtig, um zu sehen, was die Teams schon alles in ihrer Einrichtung umsetzen. Diese diente dazu, dies selbst wertzuschätzen und von den Eltern Wertschätzung zu erfahren. Durch das Bewusstsein, dass im Kita-Alltag bereits viele Aspekte der Gesundheitsförderung berücksichtigt werden, konnten die pädagogischen Fachkräfte selbstbewusster Eltern und Kindern gegenüber auftreten. Auf der anderen Seite war dies die

Basis, um zu erkennen, was noch fehlt oder was optimiert werden kann – also, welche Ziele man sich setzen wollte.

Wichtig war für die Kita-Mitarbeiter, sich selbst erst einmal als Team bewusst und intensiv mit den Themen Ernährung, Bewegung und Entspannung auseinanderzusetzen.

Durch die Reflexion und den Austausch im Team merkten die pädagogischen Fachkräfte schnell, welches Potenzial und welche Ressourcen in der eigenen Kita steckt und dass man auch von den Kolleginnen im Team vieles lernen kann – wenn man sich Zeit dafür nimmt.

Bemerkenswert waren auch die Entwicklungsprozesse in den einzelnen Kita-Teams im Projektzeitraum – die Verbesserung von Absprachen im Team beispielsweise oder die verbesserte gemeinsame Reflexion zu Gesundheitsthemen, die Veränderungen in den Organisationsstrukturen und vieles mehr. Schön war für mich zu beobachten, dass die beteiligten Kollegen selbst erkannten, wie wichtig die Zusammenarbeit im Team ist und wie sehr es ein Team stärkt, wenn gemeinsam Ziele geplant, reflektiert und umgesetzt werden.

Viele Teams stellten fest, wie wertvoll und wichtig es ist, Ziele als ganzes Team festzulegen, an der Umsetzung zu arbeiten und sie vor allem immer wieder gemeinsam in kleinen Schritten zu reflektieren. Was nicht bedeutet, dass alle gleichzeitig daran arbeiten müssen, sondern dass gerade durch kleinschrittige Arbeitsteilung, die Einigung und Festlegung auf Standards sowie die eigene Verpflichtung und Festsetzung von Zeitlimits und durch regelmäßigen Austausch viel erreicht werden kann.

Im Alltag fehlt vielen Teams die Zeit, um gemeinsam an Zielen zu arbeiten, ihre Arbeit zu reflektieren und vor allem Gelungenes wertzuschätzen. Aber genau dies sei so effektiv, motivierend und zielführend in dem Projekt gewesen – so die Aussagen vieler Kita-Mitarbeiter.

Natürlich hat den Teams ein Blickwinkel, eine Bestätigung von außen geholfen und vieles erst ermöglicht und strukturiert- aber erarbeitet haben sie die Projektergebnisse selbst. Hilfreich war die Visualisierung, also das schriftliche Festhalten von erfüllten und geplanten Schritten auf Flipcharts. So wurde das Erreichte sichtbar. Die Aussage vieler Teams am Ende eines Coaching-Termins war oft „Wow, da haben wir heute wieder Einiges geschafft!“ und „Darauf können wir stolz sein“.

Eine Hilfe war, Ziele in kleine konkrete Schritte zu unterteilen, sie Schritt für Schritt umzusetzen und in den Coaching-Terminen regelmäßig zu schauen, was schon gelungen ist oder was verändert werden muss.

Die Mitarbeiter konnten so Hindernisse überwinden und viele Dinge umsetzen, die sie vorher für unmöglich gehalten hatten. Gemeinsam wurde mit dem Team geschaut, welche Umsetzungsschritte von Coaching-Termin zu Coaching-Termin, also ungefähr im Abstand von zwei Monaten realistisch zu erfüllen sind und somit durch kleine Schritte das gesamte Ziel erreicht wird.

Zum Beispiel haben wir in einer Kita das anfängliche Ziel „Entspannung ausbauen“ erst einmal konkretisiert zu„gezielte Entspannungsangebote im Alltag einbauen“, „Räumlichkeiten dafür einrichten“ und „Tagesablauf überdenken“, damit mehr Ruhe einkehrt. Begonnen wurde dann mit Entspannungsgeschichten am Ende der Bewegungsstunden, danach wurden zweimal wöchentlich Entspannungsgeschichten und Rückenwahrnehmungsspiele gruppenübergreifend angeboten und in verschiedenen Räumen mehr Rückzugsmöglichkeiten und Kuschelecken eingerichtet. Hinzu kam ein „Snoezelraum“, der von den Kindern jetzt selbstständig zum Rückzug und zur Entspannung genutzt wird.

Hilfreich war auch, dass Einzelne Verantwortung übernahmen, also dass der Name einer pädagogische Fachkraft festgehalten wurde, die sich um die Umsetzung bestimmter Dinge bis zu einem bestimmten Zeitpunkt zu kümmern hat. Dadurch haben wir die Arbeit aufgeteilt, gleichzeitig aber auch die Umsetzung trotz Alltagsstress gewährleistet.

Oft waren es aber auch nur kleine Veränderungen, die zum Gelingen beitrugen. Beispielsweise sorgte in einer Kita alleine die Verlängerung der mittäglichen Essenszeit um 15 Minuten für wesentlich mehr Ruhe im Tagesablauf und somit für Entspannung und Ausgeglichenheit der Kinder und pädagogischen Fachkräfte.

Laut Rückmeldungen der Kitas war es eine weitere Hilfe, die Themen Ernährung, Bewegung, Entspannung und Gesundheitsdialog mit den Eltern nicht für sich isoliert zu betrachten, sondern unter einem ganzheitlichen Blickwinkel zu schauen, wie sich Ernährung, Bewegung, Entspannung und Gesundheitsdialog mit anderen Bildungszielen verbinden und somit in den Kita-Alltag integrieren lassen.

Vielen Teams war wichtig, dass zur Gesundheitsförderung in der Kita nicht nur die Gesundheitsförderung der Kinder, sondern auch die der pädagogischen Fachkräfte gehört.

Die tägliche Arbeit vieler Kitas berücksichtigt bereits diesen ganzheitlichen Blickwinkel. Aber dennoch war es bei der Planung und Umsetzung der Ziele immer wieder wichtig, zu schauen wie „Neues“ in „Bestehendes“ integriert werden kann, um die Umsetzung zu erleichtern und die Nachhaltigkeit zu sichern. Auch eine bewusste Reflexion darüber, welche Bildungsbereiche angesprochen werden, gab mehr Transparenz für die Teams und auch für die Eltern. So haben Kinder zum Beispiel in einer Bewegungsbaustelle neben dem Ziel der motorischen Förderung spielerisch Zahlen, Formen und Farben gelernt, ihre Selbstständigkeit und ihr Selbstvertrauen gestärkt und ihre sprachliche Kompetenz erweitert. Oder die Jahreszeiten wurden in einer Entspannungsgeschichte aufgegriffen, gleichzeitig die Tischdekoration passend dazu gebastelt und in Bewegungsstunden das Thema spielerisch umgesetzt.

Mich als Coach hat es fasziniert, mit wie viel Engagement und Freude die Kita-Teams die Ziele, die sie zu Beginn des Projekts gewählt hatten, während des Projekts erreichten und darüber hinaus – dass sie nicht nur diese, sondern viele Dinge mehr umsetzten und in der Kita nachhaltig verankerten.

Fast alle Projekt-Kitas merkten in der Auseinandersetzung mit dem Thema Entspannung, dass sie selbst ihren Tagesablauf in der Kita, ihre Pausenregelung und Pausennutzung überdenken müssen – denn nur wenn sie selbst einigermaßen ausgeglichen und entspannt sind können sie Kindern helfen, zur Ruhe zu kommen. Im Alltagsstress und bei Personalmangel wurde dies in vielen Einrichtungen vernachlässigt. Viele pädagogische Fachkräfte nutzten die Pause oft nicht zur Entspannung und Erholung, sondern führten „noch schnell“ ein Telefonat, sprachen mit Eltern, Kindern oder Kolleginnen, obwohl im stressigen Kita-Alltag Erholung und Ruhe dringend notwendig sind. Oft waren nur kleine Veränderungen und offene Gespräche im Team über die Pausennutzung zur Veränderung notwendig. Kleine Hilfen wie ein Schild „Pause“ oder eine „Kaffeetasse“ als Symbol am Teamraum halfen vielen pädagogischen Fachkräften sich selbst immer wieder an ihre Erholungspause zu erinnern. Spaziergänge in der Pause oder die Nutzung einer Entspannungsecke waren andere Formen der Entspannung. Die wertvolle Feststellung der pädagogischen Fachkräfte war, dass sie nach einer Erholungspause selbst viel ausgeglichener sind und sich dies positiv auf die Kinder überträgt.

Zum Beispiel entwickelte eine Krippe über den Projektzeitraum von 18 Monaten aus anfangs vier Zielen (täglich Rohkost anbieten, kindgerechtere Zubereitung des Mittagessens, Konkretisierung der Bewegungs- und Entspannungsangebote, Fragebogen für die Eltern entwickeln) rund 30 weitere Schritte und setzte sie um. Sie wurden sogar soweit in der Kita verankert, dass Ernährung, Bewegung und Entspannung fester Bestandteil des monatlichen Rahmenplans sowie der Kita-Konzeption wurden.

Ergebnisse der wissenschaftlichen Begleitung von „Gesunde Kitas – starke Kinder“

Wolfgang Tietze

Alle 46 Pilot-Kindertageseinrichtungen von den vier Projektstandorten Mülheim an der Ruhr, Bielefeld, Augsburg und München, die am Projekt „Gesunde Kitas – starke Kinder“ teilgenommen hatten, wurden in die begleitende wissenschaftliche Untersuchung einbezogen. Als Vergleichsgruppe dienten 23 Kitas, die in Größe, Sozialstruktur und Ausstattung ähnlich sind.

Alle Leitungskräfte, also 69, sowie 353 zufällig ausgewählte pädagogische Fachkräfte (Gruppenerzieherinnen) aus allen 69 Kindertageseinrichtungen befragten wir jeweils mit einem Selbstbewertungs-Fragebogen zur Umsetzung der Qualitätskomponenten „Ernährung“, „Bewegung“, „Entspannung“ und „Gesundheitsdialog mit Eltern“ im pädagogischen Alltag. Zusätzlich ermittelten unabhängige externe Bewerter die Umsetzung dieser Komponenten im Rahmen einer Begehung aller 69 Einrichtungen, verbunden mit einer im Durchschnitt fast fünfstündigen Beobachtung. 46 Leitungskräfte sowie die pädagogischen Fachkräfte (236) der Piloteinrichtungen wurden zusätzlich zur Vorgehensweise zur Einführung des peb-Programms befragt. Außerdem wurden rund 1.000 Eltern aus den Piloteinrichtungen zur Bedeutung und Umsetzung der Komponenten Ernährung, Bewegung, Entspannung aus ihrer Sicht und zum Gesundheitsdialog zwischen Einrichtungen und Eltern befragt.

Die wissenschaftliche Begleitung des Projektes verfolgte drei übergreifende Ziele:

- Zum einen wurde untersucht, inwieweit die Ziele des Projekts in den Piloteinrichtungen erreicht wurden. Da aus Gründen des Projektablaufs keine Vorher-Nachher-Messungen möglich waren, wurde eine entsprechende Vergleichsgruppe herangezogen. Der Vergleich erfolgte dabei sowohl auf der Grundlage von Selbstauskünften des pädagogischen Personals als auch auf der Grundlage des Urteils unbeteiligter Bewerter.

- Zum anderen wurde ermittelt, wie das pädagogische Personal der Piloteinrichtungen das Projekt erlebt hat und dies bewertet.
- Schließlich wurde auch untersucht, wie die Grundkomponenten des Programms aus der Sicht der Eltern in den Piloteinrichtungen umgesetzt wurden.

Ergebnisse

Alleinstellungsmerkmale

Der Vergleich mit rund 30 Kindergartenprojekten, die seit 1995 in Deutschland durchgeführt wurden, zeigt eine Alleinstellung des peb-Projekts hinsichtlich mehrerer Punkte. Zahlreiche andere Projekte in Kindertageseinrichtungen, die auf die Prävention von Übergewicht und auf die Gesundheit von Kindern gerichtet sind, thematisieren zumeist lediglich eine Komponente, z. B. Ernährung oder Bewegung. Das Projekt „Gesunde Kitas – starke Kinder“ ist mit den vier gleichermaßen berücksichtigten Komponenten Ernährung, Bewegung und Entspannung sowie Gesundheitsdialog mit den Eltern ganzheitlich angelegt. Außerdem handelt es sich um ein „integriertes“ Projekt, das diese Bausteine in die täglichen Abläufe übernimmt, mit anderen Bildungsinhalten verzahnt und dabei das gesamte Kita-Team einbezieht. Es grenzt sich auf diese Weise insbesondere von „Paket-“ oder „Koffer-Ansätzen“ ab, die vorwiegend von außen an die Einrichtungen herangetragen werden und die ausschließlich speziell ausgebildete Experten oder Trainer durchführen oder auf die Bereitstellung von Materialien beschränkt bleiben. Die Umsetzung des peb-Projekts ist hingegen mit umfassender Weiterbildung und Umsetzungshilfen verbunden, die Zeit kostet und das gesamte Team umfasst.

Qualität der Umsetzung

Die Umsetzung der Ziele des peb-Konzepts sahen alle Beteiligten in sehr hohem Maß erfüllt.

Die **pädagogischen Fachkräfte** in den Piloteinrichtungen schätzen die Umsetzung der Einzelkriterien für die Themenbereiche Ernährung, Bewegung, Entspannung und Gesundheitsdialog mit den Eltern nach Abschluss des Programms als in sehr hohem Maß erreicht ein. Die Unterschiede zu den Selbsteinschätzungen der pädagogischen Fachkräfte aus Vergleichseinrichtungen ohne das peb-Programm sind eindeutig.

In den Piloteinrichtungen sind die Bereiche Ernährung, Bewegung, Entspannung deutlich häufiger mit anderen Bildungsbereichen im Kindergartenalltag verzahnt als in den Vergleichseinrichtungen.

Das Qualitätsbarometer (Abb. 2.2) zeigt Veränderungen der Qualität in den Bereichen Ernährung, Bewegung, Entspannung sowie Gesundheitsdialog mit den Eltern vor und nach Projektbeginn aus der Perspektive der pädagogischen Fach- und Leitungskräfte. Auf dem Qualitätsbarometer sehen die Leitungskräfte und pädagogischen Fachkräfte eine erhebliche Qualitätssteigerung gegeben von anfänglich ca. 70 Prozent auf nun rund 90 Prozent in den Bereichen Ernährung, Bewegung und von ca. 45 Prozent auf rund 75 Prozent im Bereich Entspannung sowie von ca. 55 Prozent auf 70 Prozent im Bereich des Gesundheitsdialogs mit den Eltern.

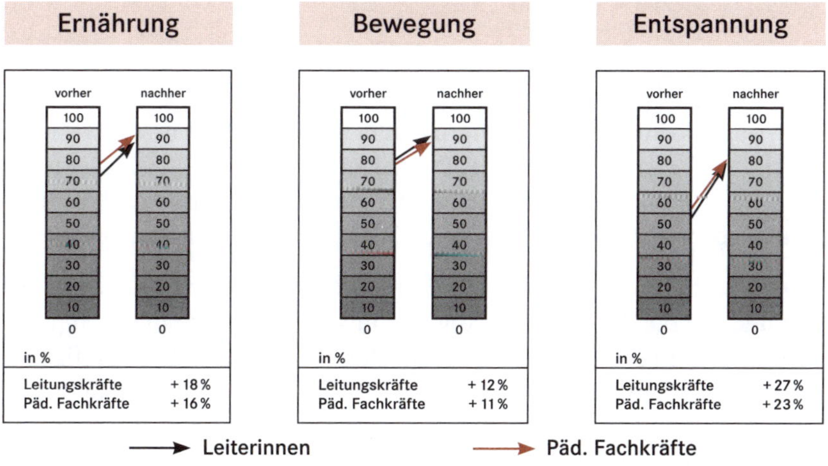

Abb. 2.2: Qualitätsbarometer; schwarzer Pfeil = Antworten der Leitungskräfte; oranger Pfeil = Antworten der pädagogischen Fachkräfte (Lasson, Ulbrich, Tietze 2009)

Von außen kommende, **unabhängige Bewerter** sehen das Ausmaß der Zielerreichung in den Themenbereichen Ernährung, Bewegung und Entspannung erwartungsgemäß kritischer. Unabhängig davon stufen die unabhängigen Bewerter auf der Grundlage eines Besuchs in den Einrichtungen, verbunden mit einer etwa fünfstündigen Beobachtung, die pädagogische Qualität in den Bereichen Ernährung, Bewegung und Entspannung deutlich höher ein als in den Vergleichseinrichtungen ohne das peb-Programm. Die Qualitätsunterschiede zwischen Pilot- und Vergleichseinrichtungen sind im Urteil der Bewerter größer als bei den Selbstauskünften der beteiligten Fachkräfte.

Die **Eltern** der Kinder in den Piloteinrichtungen beurteilen ausgesuchte Aspekte der Themenbereiche Ernährung, Bewegung und Entspannung zu 90 Prozent als wichtig für den Familienalltag der Kinder. Sie sehen die Umsetzung dieser Bereiche im Erziehungsalltag in ihren Familien in hohem Grade erfüllt. Rund 90 Prozent der Eltern sind zufrieden, also „voll und ganz“ sowie „überwiegend“, wie Ernährung und Bewegung in den Piloteinrichtungen gehandhabt werden. Im Bereich Entspannung sind es 80 Prozent. Die Kriterien eines gelingenden Gesundheitsdialogs sehen die Eltern im selben sehr hohen Grad erfüllt wie die Leitungskräfte in den Piloteinrichtungen.

Bewertung der Vorgehensweise zur Einführung

Die Leitungskräfte wie auch die pädagogischen Fachkräfte der Piloteinrichtungen sind mit der Vorgehensweise zur Einführung des Projekts „Gesunde Kitas – starke Kinder“ in sehr hohem Grad zufrieden. Die Mittelwerte liegen zwischen „überwiegend“ und „voll und ganz“ zufrieden.

Leitungskräfte und pädagogische Fachkräfte sind dabei in höherem Maß zufrieden mit den interaktions- und kommunikationsbetonten Komponenten wie Coaching und Workshops. Mit dem Material sind sie weniger zufrieden. 90 Prozent der Leitungskräfte und Fachkräfte würden auch anderen Einrichtungen empfehlen, sich an dem Projekt zu beteiligen. Leitungskräfte und pädagogische Fachkräfte stimmen darin überein, dass von der Arbeit in erster Linie die Kinder profitiert haben, gefolgt vom Team und den einzelnen Leitungs- und Fachkräften.

Fazit: Gegenüber vergleichbaren Kitas ist die Gesundheitsförderung hier besser im Alltag verankert – ausgewogene Ernährung, Bewegung im Alltag sowie der Gesundheitsdialog mit den Eltern werden hier in die Praxis umgesetzt. Hierfür spricht vor allem die Tatsache, dass die Befunde in ihrer Richtung übereinstimmen und keine Widersprüche aufweisen. Aus der Perspektive aller beteiligten Gruppen – pädagogische Fachkräfte, Leitungskräfte, Eltern und externer Bewerter – stützen sich die Ergebnisse wechselseitig. Die persönliche Begleitung durch den peb-Coach bildet dabei einen entscheidenden Erfolgsfaktor.

Ausblick

Andrea Lambeck und Mirko Eichner

Entscheidende Weichenstellungen für die wichtigsten gesellschaftlichen Herausforderungen wie Integration, Bildung und Gesundheit werden heute der frühkindlichen Pädagogik und damit zum großen Teil den Kitas anvertraut. Dies schlägt sich – auch wenn hierzu weitere Ressourcen notwendig wären – auch in der zunehmenden Bedeutung der Kitas nieder. Der Ausbau von Kitas zu Familienzentren, beitragsfreie Kita-Jahre in einigen Bundesländern oder die Förderung baulicher Maßnahmen im Rahmen von Konjunkturpaketen sind nur einige Beispiele dafür, dass im Kita-Bereich etwas in Bewegung gekommen ist. Zudem sind die Ansprüche von Eltern und Gesellschaft an die Kitas eindeutig: Es wird verstärkt erwartet, dass Kinder früher in die Kita gehen und dort auch mehr Stunden als bisher verbleiben können. Damit steigen natürlich auch die Anforderungen an die pädagogische Praxis. Vor diesem Hintergrund sind Kitas mehr denn je genau der richtige Ort, um die Gesundheitsförderung voranzubringen.

Daher setzt sich die Plattform Ernährung und Bewegung e. V. (peb) dafür ein, die Erkenntnisse, Erfolge und Erfahrungen aus dem Projekt „Gesunde Kitas – starke Kinder“ weiter zu verbreiten.

Dafür legt peb einerseits – u. a. mit diesem Buch – die Materialien, Methoden, Vorgehensweise und Praxisberichte von „Gesunde Kitas – starke Kinder“ offen, um allen die Möglichkeit zu geben, sich hieraus für den gesundheitsfördernden Alltag in ihrem pädagogischen Handlungsfeld zu bedienen. Auf diese Weise muss das Rad durch die zahlreichen Projekte vor Ort nicht jedes Mal neu erfunden werden, sondern Erprobtes und Bewährtes kann übernommen werden. Und jeder wählt für sich das aus, was für seine Trägerstruktur, seine Einrichtung und die tägliche Arbeit besonders gut passt.

Andererseits will peb als Initiator und Motor von „Gesunde Kitas – starke Kinder“ weiterhin auch direkt dazu beitragen, die Philosophie der gesunden Kita weiter zu tragen und weiter zu erproben. In diesem Zusammenhang will peb neue Instrumente entwickeln, um den Aufwand für Kita-Teams, Träger und weitere Beteiligte zu begrenzen – ohne Abstriche an Zielen und Erfolgen machen zu müssen.

Kernelement des Projekts „Gesunde Kitas – starke Kinder“ bleibt das persönliche „peb-Coaching“. Durch eine Coach-Ausbildung sollen Personen aus dem Kita-Fortbildungsbereich, Kita-Fachberater, Vertreter der Träger u. a. mit den Grundlagen des Projekts „Gesunde Kitas – starke Kinder“ vertraut gemacht und zu Kita-Coaches ausgebildet werden. So tragen sie das Gelernte in ihrem pädagogischen Wirkungsbereich weiter und können Kita-Teams auf dem Weg zu einem gesunden Kita-Alltag begleiten.

Zudem soll der Coaching-Prozess durch ein „E-Learning-Modul“ erweitert werden, das durch eine verantwortliche Person im Kita-Team absolviert wird. Diese Person soll eng mit dem peb-Coach zusammenarbeiten und nach Abschluss der Coachingphase für die Verstetigung der in der Kita aufgebauten Strukturen und Abläufe sorgen, wie in Abb. 2.3 zu sehen. Um

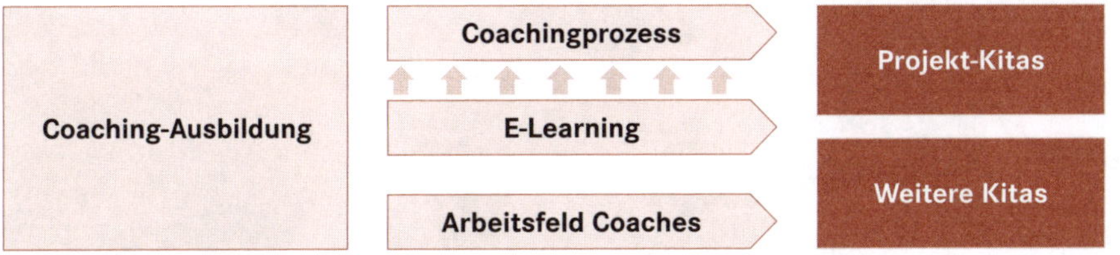

Abb. 2.3: Weiterführung des peb-Coachings

die in der Pilotphase des Projekts erreichten Ergebnisse und Veränderungen in den beteiligten Kitas nachhaltig zu sichern und weiterzuentwickeln, sollen den beteiligten Kitas der Pilotphase darüber hinaus jährliche „Schulterblick-Workshops" angeboten werden.

Der gestiegenen Verantwortung für die gesunde Entwicklung der Kinder können die Kitas nur gerecht werden, wenn alle gesellschaftlichen Bereiche bereit sind, ihren Beitrag hierfür zu leisten. Die Plattform Ernährung und Bewegung versteht sich als Anlaufstelle für alle, die hier etwas bewegen und nachhaltige Lösungen entwickeln wollen. Dazu zählen die öffentliche Hand auf Ebene von Bund, Ländern und Kommunen genauso wie Wissenschaft, Wirtschaft, Elternschaft, Pädagogik und weitere Akteure.

3 Aus der Praxis für die Praxis

Gesundheitsförderung in der Kita entwickeln – so geht es

Das Projekt „Gesunde Kitas – starke Kinder“ blickt auf zwei Jahre Erfahrung in 47 Kitas mit rund 600 Fachkräften und 3.500 betreuten Kindern zurück. Diese Erfahrungen sollen Ihnen Anregungen geben, die Entwicklung Ihrer Kita voranzubringen. Auf den folgenden Seiten erhalten Sie Hilfen für diesen Weg.

Wir beschreiben, wie Sie selbst vorgehen können und auf welche Stolpersteine Sie achten sollten. Für die Bestandsaufnahme in Ihrer Kita erhalten Sie praktische Checklisten und Reflexionsfragen auf Basis des im Projekt verwendeten Referenzrahmens. Außerdem haben wir Ihre Kolleginnen und Kollegen aus den Projekt-Kitas gebeten, aus der Praxis für die Praxis zu berichten. Dadurch sind „Lerngeschichten“ aus der Kita-Praxis mit vielen nachahmenswerten Beispielen entstanden. Übungen und Tipps ergänzen das Praxiskapitel.

Auf den Weg machen

Wie können Sie vorgehen, wenn Sie Veränderungen in Ihrer Kita planen oder sich erträumen? Hier die Essenz der Vorgehensweise im peb-Projekt.

---

1. Gemeinsam vorgehen

Suchen Sie sich Mitstreiter für Ihr Vorhaben – begeistern Sie Ihre Kollegen im Kita-Team, Vorgesetzte beim Träger und vielleicht auch Eltern von Kindern, die von Ihnen betreut werden. Eine lebendige Auseinandersetzung mit dem Thema unterstützt die Weiterentwicklung der gesamten Einrichtung.

2. Zeit nehmen und managen

Nehmen Sie sich genügend Zeit für die Weiterentwicklung des Themas Gesundheitsförderung in Ihrer Kita, beispielsweise ein Kita-Jahr. Regelmäßige, fest terminierte Treffen mit Ihren Mitstreitern geben die Möglichkeit zur Reflexion und erinnern gleichzeitig an das Vorhaben. Als ideal haben sich Treffen im achtwöchigen Abstand erwiesen. Ein gutes Zeitmanagement schützt vor Überforderung. Reflektieren Sie deshalb auch im Team, wie die notwendigen Freiräume geschaffen werden können.

3. Bestandsaufnahme machen

Beurteilen Sie gemeinsam die jetzige Situation in Ihrer Kita in puncto Gesundheitsförderung und in den Themenbereichen Ernährung, Bewegung, Entspannung und Gesundheitsdialog. Unsere Checklisten und Fragen helfen Ihnen bei der Reflexion der Ist-Situation.

4. Ziele definieren

Legen Sie zunächst jeder für sich die Wunschziele fest. Finden Sie danach im gemeinsamen Gespräch einen Konsens zu den zu bearbeitenden Zielen, z. B. durch Abstimmung darüber, welche Ziele im Team bearbeitet werden sollen.

5. Schritte festlegen

In welchen Schritten möchten Sie die vereinbarten Ziele erreichen? Notieren Sie sie und planen Sie Schritt für Schritt von Treffen zu Treffen. Benennen Sie möglichst auch einen „Kümmerer“, der auf die Einhaltung der beschlossenen Veränderung und Termine achtet.

6. Entwicklung dokumentieren und reflektieren

Führen Sie bei der Bearbeitung der Schritte ein kleines Protokoll mit Erfolgen oder Stolpersteinen. Es ist eine gute Grundlage für die gemeinsame Reflexion im Team.

7. Nachhaltigkeit sichern

Auf den bleibenden Wert kommt es an! Achten Sie bei Veränderungen darauf, dass Sie von Dauer sind. Verankern Sie deshalb die gesundheitsförderliche Entwicklung nachhaltig in Ihrer Kita. Besonders wirksam sind Veränderungen an Strukturen, die sich wiederholen wie Alltags-Routinen oder räumlichen Gegebenheiten. Machen Sie zudem die Entwicklung im Kita-Konzept sichtbar.

Schritt für Schritt zur Veränderung

Ilka Pfütze und Sabina Wesling

Welche Veränderungen in den Kitas durch das peb-Projekt „Gesunde Kitas – starke Kinder“ entstanden, soll exemplarisch am Entwicklungsprozess einer Kita gezeigt werden. Unsere beispielhaft ausgewählte Kita definierte nach der Bestandsaufnahme folgende Ziele:

- Vermehrte Einbindung der Kinder beim Thema Ernährung
- Stärkere Einbeziehung der Eltern
- Entspannung ausbauen
- Erstellung eines Flyers mit dem Schwerpunkt Gesundheit für Eltern
- Jahresprojekt: „Mit allen Sinnen“

Diese grob formulierten Ziele wurden während der Coaching-Termine weiter ausdifferenziert. Bei jedem Termin plante das Team kleine konkrete Umsetzungsschritte, die jeweils bis zum nächsten Termin umgesetzt wurden. Schritt für Schritt konnten so die Veränderungen im Alltag, im Verhalten der pädagogischen Fachkräfte und in der Konzeption verankert werden.

Während des Projekts verwirklichte diese Einrichtung insgesamt über 25 dokumentierte Schritte. Vierzehn dieser Ergebnisse haben als Routine auch über den Projektzeitraum hinaus Bestand:

- Tägliche Einbeziehung der Kinder beim Schneiden von Obst und Gemüse sowie bei der Dekoration des Tisches
- Einmal pro Monat Kochen mit den Kindern und deren Müttern/Vätern
- Rohkostangebot an jedem Elternabend, zubereitet von Eltern
- Neuer Caterer mit besserem Angebot
- Dreimal pro Woche morgendliches Joggen mit Kindern, pädagogischen Fachkräften und interessierten Eltern im nahe gelegenen Park (im Winter dreimal pro Woche morgens Bewegungsspiele in der Kita)
- Einrichtung von Entspannungsecken in jeder Gruppe, die regelmäßig und selbstständig von Kindern genutzt werden
- Obst- und Gemüsekorb, der täglich von den Eltern gefüllt wird

- Mehrmals in der Woche Entspannungsangebote im Alltag (täglich situativ; täglich nach dem Mittagessen; wöchentlich am Ende der Bewegungsstunde)
- Basteln und Nutzung eines Klangbaums und Duftbaums mit Kindern
- Umgestaltung des Personalzimmers
- Bewusste Nutzung der Pause für die pädagogischen Fachkräfte
- Erstellung eines Flyers der Kita mit gesundheitlichem Schwerpunkt
- Nutzung von Material und Angeboten von Kooperationspartnern
- Wellnesswoche für Kinder mit abschließendem Wellnesstag, gemeinsam mit Eltern einmal pro Jahr (spielerische Massagen, Tast- und Geräuscheparcours, Traumreise, Handmassage und Fußbäder, selbst gemachte Fitness-Drinks)

Stolpersteine

Antje Meißner-Trautwein

Die Projekt-Kitas von „Gesunde Kitas – starke Kinder“ waren hoch motiviert und engagiert. Doch zu Entwicklungsprozessen gehören auch Umwege und zeitweiliger Stillstand. Auf welche „Bremsen“ sollten Kita-Teams achten, wenn sie sich selbst auf den Weg zur gesunden Kita machen möchten? Unser Coach verrät die größten Stolpersteine.

---

1. Integration neuer Mitarbeiter ins Team

Neueinstellungen bedeuten, dass neue Kollegen für das Projekt begeistert, eingeführt und unter zusätzlichem Zeitaufwand eingearbeitet werden müssen.

2. Hoher Krankenstand

Vor allem die Monate November und Februar sind bekannt für hohen Krankenstand. Lange zeitliche Verschiebungen der vereinbarten Termine machen es schwerer, wieder in den Arbeitsprozess einzusteigen. Versuchen Sie sich gemeinsam wieder an den Stand Ihres Veränderungsprozesses zurückzuerinnern.

3. Zu große Themenvielfalt

Zu viele Themen erschweren die Fokussierung auf die Kernprozesse. Eine gute Moderation und eine erneute Prioritätensetzung sind dadurch in größeren zeitlichen Abständen nützlich.

4. Probleme in der Teamstruktur

In manchen Kita-Teams sind Vertrauen, Kommunikation, Dynamik und Organisationsgrad im Vergleich zu anderen schwächer entwickelt. Dies führt dazu, dass Diskussionen länger dauern oder gar nicht geführt werden und die Verteilung von Arbeitsaufgaben erschwert ist. Unklare Rollenaufteilungen, mangelndes Vertrauen oder diffuse Aufgabenverteilung innerhalb der Teams können ebenso wie zu strenge Strukturen verhindern, dass sich pädagogische Fachkräfte mit ihren Fähigkeiten und Stärken einbringen können. Sind die Probleme in der Teamentwicklung gravierend, dann hilft der „externe Blick“ zum Beispiel durch eine professionelle Begleitung wie Supervision oder Coaching. Sie macht aufmerksam, unterstützt, fasst Unausgesprochenes in Worte, ist wertschätzend und nimmt gleichzeitig kritisch die Entwicklungen wahr.

Essen und Trinken in der Kita

Morgens, mittags, nachmittags – regelmäßig nehmen die Kinder in der Kita Mahlzeiten zu sich. Dabei bestimmt nicht nur das Was, sondern auch das Wie des Essens die Gesundheit von Kindern. Das Ernährungsangebot liefert alle wichtigen Baustoffe für das Wachsen des Körpers. Sind die angebotenen Lebensmittel vielfältig und ausgewogen, ist das die Basis für die körperliche Gesundheit.

Doch Essen und Trinken sind auch wichtig für die Seele. Nicht umsonst heißt es, „das Auge isst mit“. Ein schön gedeckter Tisch, ein Fest zu besonderen Anlässen und vieles mehr ist mit Essen und Trinken verbunden. Gleichzeitig lernen Kinder vieles über Essen und Trinken. Wann und wie Essen und Trinken im Kita-Alltag vorkommt und wie das Thema mit Angeboten zur Ernährungsbildung verknüpft ist, das können Sie in mit unseren Checklisten und Fragen reflektieren. Praxisbeispiele zeigen auf, welche Chancen Veränderungen bieten und wie schön es für Kinder ist, an der Zubereitung von gesunden Mahlzeiten beteiligt zu werden. Auch Eltern kommen zu Wort und berichten, wie viel Vertrauen in eine Kita erforderlich ist, um die Verantwortung für die Mahlzeiten abzugeben.

Checklisten und Reflexionsfragen

Checkliste Ernährungsangebot

	Erfüllt	Teilweise erfüllt	Noch nicht erfüllt	Team ist sich nicht einig
Entspricht das Essensangebot in Qualität und Zusammensetzung gängigen wissenschaftlichen Empfehlungen?				
Entspricht das Essensangebot für Kleinstkinder unter einem Jahr den wissenschaftlichen Empfehlungen (z. B. des Forschungsinstituts für Kinderernährung Dortmund) bzgl. Muttermilch und Säuglingskost, Übergang und Zusammensetzung der Beikost und Übergang zur Familienkost (Mischkost)?				
Bietet die Kita Mahlzeiten an, in denen die Kinder ihre (unterschiedlichen) kulturellen und persönlichen Essgewohnheiten und Vorlieben wieder finden und Unbekanntes ausprobieren können?				

Checkliste Obst/Gemüse/Trinken

	Erfüllt	Teilweise erfüllt	Noch nicht erfüllt	Team ist sich nicht einig
Wird den Kindern täglich frisches Gemüse oder Obst angeboten und ist es für sie einfach zugänglich?				
Gibt es zu jeder Mahlzeit mundgerecht vorbereitetes und frisch zubereitetes Gemüse und Obst?				
Können die Kinder jederzeit ihren Durst mit bereitstehenden energiearmen Getränken stillen – auch für jüngere Kinder in Reichweite – z. B. Wasser, leichte Fruchtsaftschorlen, Kräutertees?				

Impulsfragen zur räumlichen Situation

- Wo werden die Mahlzeiten eingenommen?
- Ist die Esssituation deutlich von der Spielsituation getrennt – durch Umdecken der Tische oder räumliche Trennung Essen – Spiel?
- Gibt es eine Küche oder Funktionsecke, in der die Kinder selbst Lebensmittel zubereiten können?

Impulsfragen Zwischenmahlzeiten

- Gibt es feste Zeiträume für die Zwischenmahlzeiten?
- Essen die Kinder gemeinsam oder praktizieren Sie ein freies Frühstück?
- Gibt es Vereinbarungen zu erwünschten und unerwünschten Speisen mit den Eltern?
- Sind Sie zufrieden mit den Regelungen zu den Zwischenmahlzeiten Ihrer Kita?

Impulsfragen Ernährungsbildung

- Entscheiden die Kinder selbst, was, und wie viel sie essen?
- Sind Geschirr und Besteck dafür geeignet, dass sich auch jüngere Kinder selbst bedienen können?
- Werden die Kinder (alle Altersgruppen) regelmäßig (jedes Kind mind. einmal in der Woche) in die Erstellung der Mahlzeiten und in das Gestalten des Tisches/des Buffets sowie das Abräumen des Tisches miteinbezogen?
- Werden auch Kleinstkinder so früh wie möglich in diese Tätigkeiten einbezogen?
- Waschen sich die Kinder vor und nach dem Essen die Hände?

Checkliste Schulung der Sinne

	Erfüllt	Teilweise erfüllt	Noch nicht erfüllt	Team ist sich nicht einig
Üben die Fachkräfte mit den Kindern, zwischen Hunger und Appetit zu unterscheiden und so viel zu essen, wie es ihrem persönlichen Hunger entspricht?				
Üben die Fachkräfte mit den Kindern das bewusste Genießen von Süßigkeiten?				
Erleben die Kinder Mahlzeiten als für alle Sinne gestaltete Situationen, in denen der Tisch ansprechend eingedeckt und die Speisen appetitlich präsentiert sind sowie eine freundliche und ruhige Atmosphäre herrscht?				

Mein/unser Rollenverständnis in der Ernährungsbildung

- Sorge ich/sorgen die Fachkräfte durch persönliche Anwesenheit und anhand von mit den Kindern vereinbarten Tischregeln sowie von Ritualen für eine entspannte Essatmosphäre?
- Gibt es ein gemeinsames Verständnis im Team, in welcher Weise Team-Mitglieder ihre Vorbildfunktion für Kinder im Sinne einer gesunden Ernährung in den Räumen und bei Ausflügen in der Kita verwirklichen können?

Übungen und Tipps

Duftbar: Wer kennt den Geruch?

Die Kinder füllen verschiedene Kräuter und Gewürze jeweils in leere Filmdosen, z. B. Pfefferminze, Kamille, Zitronenmelisse, Schnittlauch, Basilikum, Anis. Auf jede Dose geben sie etwas Watte, damit man die Kräuter und Gewürze nicht sehen kann. Zum Vergleich stehen identische Proben offen, also ohne Watte, auf dem Tisch. Die Kinder versuchen nun, die Proben einander zuzuordnen. Alternativ werden Gewürze und Pflanzen sowie entsprechende ätherische Öle in Riechfläschchen bereitgestellt. Die Kinder ordnen sie Pflanzen bzw. Gewürze den Riechfläschchen zu. Je öfter die Kinder mit den unterschiedlichen Düften üben, desto sicherer werden sie unterscheiden können. Wenn die Kräuter – vielleicht sogar aus dem eigenen Kräutergarten – auch für das gemeinsame Kochen verwendet werden, verstehen die Kinder, wie ihr Essen schmeckt.

Sehtest: Ich sehe was, was du nicht siehst!

Viele verschiedene Lebensmittel, z. B. unterschiedliche Obst- und Gemüsesorten, Brot, Nudeln oder Reis liegen auf einem Tisch. Die Kinder bilden einen Stuhlkreis und dürfen nach dem Prinzip des Spiels „Ich sehe was, was du nicht siehst, und das ist ...“ jeweils ein Lebensmittel beschreiben, z. B. dessen Farbe, die Größe und Form (rund, länglich, groß, klein), die Beschaffenheit der Schale, bzw. Haut oder Oberfläche (glatt, rau, noppig, runzelig, stachelig ...). Auf diese Weise lernen die Kinder Eigenschaften eines Lebensmittels mit den Augen wahrzunehmen. Auch verbessert die Übung die Sprachkompetenz, denn die Kinder verleihen in der Beschreibung des Lebensmittels ihrer Wahrnehmung sprachlichen Ausdruck.

Wenn die Kinder „ihr“ Lebensmittel im Anschluss an die Übung malen (ältere Kinder können das Lebensmittel z. B. eingebettet in eine bestimmte Ess-Situation zeichnen), verleiht dies der Wahrnehmung ebenfalls Ausdruck und macht zusätzlich aufmerksam auf die Eigenschaften und Bedeutungen von Lebensmitteln.

Fühltest: Spüren, wie es schmeckt!

Für den Fühltest werden Obst- und Gemüsesorten mit unterschiedlichen Formen und Schalen auf den Tisch gelegt, z. B. Äpfel, Kiwis, Bananen, Ananas, Gurken, Salatblätter, Blumenkohl, Kohlrabi. Darüber breiten Sie ein Tuch und versuchen das Obst und Gemüse durch „befühlen“ zu erraten. Anschließend dürfen sie die Lebensmittel untereinander aufteilen und essen.

Hungerübung: Langsam wird man schöner satt

Nach dem Frühstück oder Mittagessen in der Kita dürfen sich alle auf eine Decke legen und spüren, wie sich der Körper anfühlt. Wer gegessen hat, merkt das vor allem im Bauch. Was spüren wir? Ist der Bauch prall und zum Platzen voll? Dann haben wir eigentlich zu viel gegessen. Wer fühlt sich rundum wohl? Der ist satt, fit und hat rechtzeitig aufgehört zu essen. Wem knurrt der Magen? Der kann noch etwas essen. Woran liegt es, dass sich der Bauch hungrig anfühlt? Haben wir uns vom Essen ablenken lassen oder hat es uns vielleicht nicht geschmeckt? Wer zu den Mahlzeiten nicht ausreichend isst, dann kurz danach und immer wieder zwischendurch Hunger bekommt. Das führt dazu, dass wir beliebig oft zwischendurch zu Essbarem greifen.

Bei Tisch versuchen in Zukunft alle, sich auf die Mahlzeit zu konzentrieren, langsam zu essen und gut zu kauen. So können wir spüren, wann wir satt sind. Wie fühlt sich das Sattsein jetzt an? Ist der Bauch zum Platzen voll? Oder ist das Gefühl jetzt angenehmer? Nur Langsam-Esser hören rechtzeitig die Sättigungssignale. Denn bis die Botschaft „Stopp – ich habe genug!“ ins Bewusstsein bringt, vergehen nach dem ersten Bissen 15 bis 20 Minuten. In dieser Zeit haben Kinder, die schnell essen, bereits größere Mengen aufgenommen als der Körper eigentlich benötigt.

Tellerübung: So lernen die Augen, was der Körper wirklich braucht

Bei Kindern sind die Augen oft größer als der Bauch. Damit sie ihren Teller nicht stets überfüllen, sollten sie an das richtige Augenmaß herangeführt werden, z. B. auf diese Weise: „Wir nehmen uns zunächst nur ein bisschen. Wenn wir den Teller in Ruhe geleert haben und unser Bauch noch hungrig ist, nehmen wir uns noch ein wenig nach. Wenn wir schon satt sind, essen wir nicht weiter – es darf auch ein Rest auf dem Teller bleiben." Auf diese Weise lernen die Kinder, mir kleinen Portionen zu beginnen und anschließend zu reflektieren, ob sie bereits gesättigt sind oder eine weitere Portion benötigen.

Woher kommt das Mehl?

Die Herkunft von Mehl lässt sich in der Kita gut demonstrieren. Dazu braucht man:

- Einen Armvoll reife Getreideähren vom Bauern
- Einen großen leicht nach innen gewölbten möglichst rauen Kieselstein
- Einen kleineren flachen, möglichst rauen Kieselstein

Die Kinder holen mit den Fingern die Körner aus den Ähren. Dann legen sie sie auf den großen Stein. Mit dem kleinen Stein drücken sie kräftig auf die Körner und mahlen diese kreisförmig. Jetzt ist das weiße Mehl neben den Schalen des Getreidekorns deutlich zu sehen. Zum Vergleich stellen die Kinder gekauftes Mehl daneben. Vielleicht wollen sie nun wissen, wie viele Körner man eigentlich braucht, um ein Brötchen zu backen? Es sind ungefähr 600 Körner. Wenn in jeder Getreideähre etwa 30 Körner stecken, benötigt man für ein Brötchen circa 20 Ähren (nach „Schlaraffenland" von Christiane van Betteray).

Spion kundschaftet Lebensmittel aus

Für das Spiel finden sich jeweils zwei Kinder zusammen. Jedes Kind trägt eine Karte auf dem Rücken, die ein Lebensmittel abbildet (Die Karten haben die Kinder selbst gebastelt). Die Kinder versuchen, das Lebensmittel ihres Spielpartners auf einer begrenzten Spielfläche, z. B. Markierungen in der Turnhalle, auszuspionieren und zu verhindern, dass der Partner das eigene Lebensmittel errät. Es sind Varianten denkbar, die gegenseitiges Festhalten verbieten oder erlauben.

Fänger jagt Gemüsekinder

Ein Kind der Gruppe wird als Fänger markiert und versucht, auf einer abgesteckten Spielfläche die anderen Kinder zu fangen. Schafft der Fänger es, ein anderes Kind zu fangen, wird dieses zum Fänger und erhält die Markierung. Die Kinder können sich vor dem Fänger schützen, indem sie eine Gemüsesorte rufen. Dann dürfen sie nicht mehr gefangen werden, können sich aber auch nicht mehr bewegen und müssen sich breitbeinig hinstellen. Erst wenn andere Kinder zwischen ihren Beinen hindurchkrabbeln, dürfen sie wieder mitspielen. Jedes Kind muss bei jedem Mal ein anderes Gemüse nennen. Das Spiel kann natürlich mit beliebigen Lebensmitteln gespielt werden, z. B. Milchprodukten, Getreideerzeugnissen, Obstsorten.

Umsetzungsbeispiele aus der Praxis

Frühstück und Frühstückssituation als Entwicklungschance – aus unterschiedlichen Blickwinkeln

Team der Evangelischen Kita Bielefeld-Babenhausen

Was bedeutete das peb-Projekt für eine Kindertageseinrichtung? Neue Ideen, verändern von Gewohntem – ist das gut, ist das schlecht? Die Meinungen dazu können sehr unterschiedlich sein. Die evangelische Kindertageseinrichtung Babenhausen hat dies hautnah erlebt und die verschiedenen Akteure berichten über das Coaching aus ihrem Blickwinkel – als Mutter, Erzieherin oder Kita-Leitung.

peb-Coaching aus Sicht der Kita-Leitung

Heike Beckel, Leiterin der Evangelischen Kindertageseinrichtung Babenhausen

Unsere Kita besteht aus vier Gruppen mit 75 Kindern im Alter von drei Monaten bis sechs Jahren. Die Teilnahme am peb-Projekt bedeutete für uns zunächst einmal eine Bestandsaufnahme. Was läuft bisher in den Bereichen Ernährung, Bewegung und Entspannung? Was ist gut und was ist noch ausbaufähig? Wovon können Kinder, Eltern und auch MitarbeiterInnen profitieren und das möglichst in Form von „inhaltlich Wertvolles schaffen, mit möglichst wenig Aufwand"?

Schnell wurde deutlich, dass wir uns das Thema Ernährung als Schwerpunkt setzen sollten, denn schon längere Zeit war die Auswahl der angebotenen Lebensmittel Thema in Gesprächen mit Eltern und Mitarbeitern. Ebenso bekamen manche Kinder am Morgen von ihren Eltern den Auftrag ihr Brot bitte ganz aufzuessen oder einzelne Kinder begannen mit mitgebrachten Leckereien, um die Gunst anderer zu werben. Das waren einige kritische Aspekte, ebenso gab es aber auch positive Anlässe, die wir aufgreifen wollten, wie die Begeisterung, Freude und das Engagement der Kinder beim Zubereiten von Speisen, beim Probieren und Experimentieren. Bei der Überlegung, was nun wirklich sinnvoll ist, war es uns wichtig, möglichst keine Verbote auszusprechen. Süßigkeiten sind also nicht kategorisch verboten, es gibt sie in Maßen und es geht hierbei um bewusstes Genießen! Unser Anliegen war, die Kinder aktiv mit einzubeziehen, möglichst auch noch die Eltern, und somit das Bewusstsein für gesunde Ernährung – ganz nebenbei – in den Mittelpunkt zu stellen.

Nach vielen Diskussionen, Elternabenden und Info-Nachmittagen sieht der Rahmen für unser tägliches Frühstück nun folgendermaßen aus:

- *Jedes Kind bezahlt 12,- € pro Monat.*
- *Die Kita kauft die Lebensmittel ein.*
- *Die Kinder sind täglich beim Schnippeln von Obst und Gemüse für das Frühstücksbuffet beteiligt.*
- *Es ist immer eine Mitarbeiterin im Frühstücksbereich anwesend, um die Kinder zu begleiten und ihnen helfend zur Seite zu stehen.*

Wichtig ist uns, dass die Kinder immer eine Auswahl an süßen und herzhaften Lebensmitteln haben und täglich frisches Obst und Gemüse der Saison bereitgestellt wird. Anstelle der üblichen Lebensmittel bieten wir den Kindern Alternativen wie z. B. selbst gekochte Marmelade. Nüsse, Trockenfrüchte, geröstete Sonnenblumenkerne werden als kleine Knabbereien gereicht. Die Kinder haben die Möglichkeit, viele Lebensmittel kennenzulernen.

Die Kleinen genießen es, selbst zu bestimmen, was und wie viel sie essen oder auch nicht essen müssen, wenn sie keinen Hunger haben. Die Kontrolle der Eltern fällt weg und wir bemerken deutlich: Je weniger Stress und Druck die Kinder haben, desto eher wagen sie sich auch an ungewohnte Speisen. Und sie haben auch noch Spaß daran! Dann ist das ehemals verpönte Schwarzbrot plötzlich unvermutet lecker – wenn nur die richtige Marmelade bereit steht.

Inzwischen sind selbst die kritischsten Eltern mit den größten Bedenken („Mein Kind kann doch noch nicht mit einem Messer umgehen ...") be-

geistert, wie selbstständig ihre Kinder geworden sind und wie viel Eigenverantwortung sie übernehmen, wenn wir sie nur lassen.

Bei der Umsetzung war es uns wichtig, die Eltern mit ihren Sorgen und Befürchtungen ernst zu nehmen. In Form von Gesprächen, Briefen, Elternabenden zum Thema und regelmäßigen Fragebögen bitten wir sie um ihre Meinung. Wir melden zurück, was gut läuft, aber auch was schlecht läuft. Wir fordern Eltern auf, bei uns zu hospitieren, damit sie sich selbst ein Bild machen. All diese kleinen Dinge tragen zu einer allgemeinen großen Zufriedenheit bei. Nach nunmehr gut zwei Jahren Erfahrung ist diese Form des Frühstückens für uns nicht mehr wegzudenken.

Die Atmosphäre im Frühstücksbereich gleicht einem „Kinderbistro". Es wird miteinander diskutiert, gelacht – frühstücken ist eben mehr als nur Nahrungsaufnahme, auch Kinder legen Wert auf eine angenehme Atmosphäre.

Was gab es nicht alles für Bedenken ...

Vivi-Ann Löbbe (Mutter von Raja, Jascha und Mara)

Die Sorge reichte von: „Ist das auch hygienisch genug?" über: „Dann wird mein Kind bestimmt gar nichts frühstücken, weil es nur den im Mondschein geklöppelten, von links getoasteten Dinkelröggli mit Schokoaufstrich isst" bis hin zu: „Ist Spielen für Kinder nicht viel wichtiger? Warum sind die von uns Müttern liebevoll geschmierten Butterbrote plötzlich nicht mehr gewollt!?" Beim anstehenden Frühstücksgeld mussten wir alle dann doch schlucken. Und machen wir uns nichts vor: Wer mehr als null Kinder hat, muss zum Teil sehr spitz rechnen.

Mittlerweile können sich nur noch einige Eltern dunkel an diese Anfangsvorbehalte erinnern. Das selbst zubereitete Frühstück ist aus dem Kindergartenalltag nicht mehr weg zudenken. Ein Platz in der Küche, um beim Schnippeln zu helfen, ist phasenweise hart umkämpft. Wer sich in der Eingangshalle die „Frühstückskarte" anschaut, fühlt sich an das Angebot eines gehobenen Mittelklassehotels erinnert.

Und mit etwas Glück gibt's für den Esser des „mondscheingeklöppelten-von-links-getoasteten-Dinkelrögglis-mit-Schokoaufstrich" ab und zu auch diesen.

Oder eben einfach ein Brot mit Marmelade, Salami, Tomate, Schinken, Gurke, Hartkäse, Weichkäse, Frischkäse, Ei, Kräutern, Pflaumenmus ...

Erforderlich: Vertrauen und klare Regeln

Kirsten Markgraf (Mutter von Vincent und Ella)

Die Idee, mit Bildungsarbeit zum Thema Ernährung bereits in der Kita zu starten, fand ich toll und im Grunde überfällig – in Anbetracht der wachsenden Zahl an übergewichtigen Kindern und der vielen Familien, die in puncto Gesundheitsbewusstsein unaufgeklärt zu sein scheinen. Diesbezüglich sind sicher die meisten Eltern motiviert und bereit, sich auf das Thema einzulassen. Auch der Aspekt, Kinder in ihrer Feinmotorik speziell in diesem Bereich zu fördern, so dass sie lernen, Gemüse zu schnippeln, mit Besteck umzugehen und so weiter, erschien mir wichtig.

Also alles prima? Nicht unbedingt und nicht sofort. Ich muss zugeben, dass ich am Anfang sehr skeptisch war, was das tägliche Frühstück in der Kita anging. Ein Gruppenfrühstück pro Woche gab es bereits, aber nun an fünf Tagen die Verantwortung für das (ansonsten selbst gemachte und dem Kind mitgegebene) Frühstück in die Hände der Erzieherinnen zu legen, damit hatte ich – ehrlich gesagt – meine Probleme. In dem Zusammenhang muss ich erwähnen, dass meine beiden Kinder von morgens acht bis nachmittags um halb drei in der Betreuung sind und ich deshalb auch schon das Mittagessen in Qualität und Auswahl nicht bestimmen kann. Nun auch noch in diesem für die späteren Essgewohnheiten entscheidenden Alter gleich zwei wichtige Mahlzeiten als Mutter „abzugeben", erforderte großes Vertrauen. Zum Glück war ich mir ziemlich sicher, dass die Verantwortlichen in unserer Einrichtung das Ganze mit Engagement und Kreativität angehen würden.

Und so war es dann auch! Nach rund zwei Jahren mit gemeinsamem Frühstück kann ich es mir gar nicht mehr anders vorstellen. Meine Kinder waren im Übrigen von Anfang an begeistert. Sie lieben die wechseln-

de Auswahl an Lebensmitteln, das miteinander Essen, Reden und Spaß haben und die vielen kleinen Aufgaben, die rund ums Frühstück verteilt werden. Wichtig und gut finde ich, dass mittlerweile – zumindest für einige Wochenstunden – eine Küchenhilfe eingestellt worden ist. Denn der Arbeitsaufwand und die zusätzliche Belastung für die Erzieherinnen sind nicht zu unterschätzen. Es soll ja nicht aufgrund fehlender Kapazitäten anderes zu kurz kommen (wie Basteln, Vorlesen usw.). Das war nämlich ein Negativaspekt, den manche Eltern befürchtet hatten.

Alles in allem kann ich nur empfehlen: MACHEN! Kinder lernen, dass Essen zuzubereiten und es zu genießen einen wichtigen Stellenwert hat. Damit ist das Projekt ein Schritt hin zur Übernahme von mehr Eigenverantwortung und weg vom „Mal-eben-schnell-was-futtern-und-dann-weiterspielen". Bei uns in der Kita ist Zeit und Raum für ein spielerisches Erlernen rund ums Essen.

Nachtrag: Wenn Erzieher/Innen allerdings nicht entsprechend geschult sind und die Kinder plötzlich nur noch ihr Lieblingsessen wollen, dann ist etwas schief gelaufen. Das Ganze erfordert meines Erachtens klare Regeln für alle – und im Rahmen dieser Regeln kann es dann sehr genussvoll gestaltet werden.

Vermittlung von Küchenfertigkeiten – das ist unsere Aufgabe!

Veronika Gehring, seit 38 Jahren Mitarbeiterin der Evang. Kita Babenhausen

Vor ungefähr drei Jahren beteiligten wir uns als eine von sechzehn Kindertageseinrichtungen in Bielefeld an dem Pilotprojekt von peb. Zur gleichen Zeit fand in unserer Kita eine Umstrukturierung statt, der Einstieg in die Betreuung von Kindern unter drei Jahren.

Unsere Leitung, immer bemüht, die Qualität der Kita durch neue Projekte zu verbessern, berichtete uns von dem Projekt zu Bewegung, Ernährung und Entspannung und stellte uns die Frage: „Wollen wir daran teilnehmen?"

Meine ersten Gedanken waren: „Schon wieder etwas Neues! Noch mehr Arbeit, zusätzlich zu den alltäglichen Aufgaben. Können wir das, was sich „kluge" Leute ausdenken, die aber nicht immer nah an der Praxis sind, auch umsetzen? Durch intensivere Beschäftigung mit dem Thema und die Teilnah-

me an Workshops wurde mir bewusst, dass wir im Bereich Bewegungserziehung eine ganze Menge leisten, ebenso bieten wir den Kindern Entspannungsmöglichkeiten.

Was aber war mit der Ernährung? Einmal in der Woche bieten wir in der Gruppe ein gemeinsames, ausgewogenes und abwechslungsreiches Frühstück an. An den übrigen Tagen bringen die Kinder ihr eigenes Frühstück mit. Oft beobachteten wir, wie die Kinder ihr Frühstück nur angeschaut und wieder weggepackt oder nur wenig davon gegessen haben.

So entstand die Idee, ein ausgewogenes, abwechslungsreiches Frühstücksbuffet für alle Kinder anzubieten. Diese Idee in die Tat umzusetzen, erforderte erhebliche Kraft. Oft habe ich mich gefragt: „Wie schaffen wir es zeitlich das Frühstück mit den Kindern herzurichten und dann auch noch in einer bestimmten Zeit zu frühstücken? Wie viele Lebensmittel benötigen wir? Wo lagern wir die Lebensmittel? Wer erledigt den Einkauf?"

Inzwischen ist das Frühstück zu einem Selbstläufer geworden. Die Kinder schnippeln mit Begeisterung Obst und Gemüse oder richten Aufschnittplatten her. Den Kolleginnen, die den Einkauf erledigen, spreche ich meine Bewunderung aus, denn ich weiß wie anstrengend ein Wocheneinkauf nur für die eigene Familie sein kann.

Mir ist bewusst geworden, dass wir als Einrichtung es leichter haben, den Kindern die positiven Erfahrungen bei der Nahrungszubereitung zu vermitteln. Vielfach fehlt in den Familien beispielsweise durch Berufstätigkeit einfach die Zeit dazu. Ich sehe es als Aufgabe einer Kita, hier Unterstützung zu geben.

Es ist schön zu erleben, wie selbstständig und ungezwungen die Kinder ihr eigenes Frühstück zubereiten und wie sie sich in gemütlicher Atmosphäre auch mit Kindern aus anderen Gruppen intensiv unterhalten. Man kann beobachten, wie Kinder mutiger probieren und neugierig auf unbekannte Lebensmittel sind. Anfängliche Bedenken der Eltern wurden schnell überwunden. Sie sehen, wie viel Spaß es den Kindern bereitet, mit wie viel Genuss sie essen und wie sie durch die Essenszubereitung gefördert werden. Für alle – Kinder, Mitarbeiter und Eltern – ist das Frühstücksbuffet zu einer Bereicherung des Alltags geworden.

Kinderrestaurant Sonnenschein

Antje Meißner-Trautwein

Jeden zweiten Dienstag im Monat haben die Kinder der Kita Sonnenschein (Eigenbetrieb Kindertagesstätten Halle) die Möglichkeit, in der Kinderküche tätig zu sein. Sie können mit anderen Kindern Speisen zubereiten, selbstständig unter Anleitung von Erzieherinnen. Dies macht allen Kindern viel Spaß und sie genießen es, wenn sie kochen können wie Erwachsene. Und sie bilden sich dabei ganz nebenbei: Sie lernen abmessen, teilen, einfüllen, wiegen etc. und sie lernen mit vielerlei Küchengeräten, auch elektrischen, umzugehen. Gemeinsam können die Kinder das Zubereitete anschließend essen. Voller Stolz erklären sie hinterher ihren Eltern und Großeltern, was sie für ein Essen zubereitet haben.

Oft bekam das Team der Kita Sonnenschein hinterher zu hören: „Das hätten wir auch gerne probiert!" Und genau das war der Grund, den Eltern und Großeltern ebenfalls eine Kostprobe zu ermöglichen. Die Resonanz war groß, die Mühe der Kinder und Erzieherinnen hat sich gelohnt, denn die Eltern und Großeltern waren begeistert und wünschten sich Wiederholungen.

Opa und Oma von Holly und Lily Becker: „Alle Rezepte waren sehr gut. Geschmack sehr gut. Man merkte, es war mit sehr viel Liebe von den Kindern und der Erzieherin angerichtet. Ein großes Lob an alle!"

Sonja Gottlieb: „Liebe Kinder, liebe Erzieher! Ich war heute bei euch im Kinderrestaurant und habe gekostet, was ihr gezaubert habt. Ich muss euch ganz doll loben, da es mir wirklich sehr gut geschmeckt hat. Besonders haben mir die Quarkbrötchen geschmeckt. Vielen Dank dafür!"

Familie Mayer: „Schmeckt sehr lecker! Ich finde die Idee toll, mit den Kindern das zu machen!"

Unsere Gummibärchen sind anders!

Karin Orth-Hesener und das Team der städtischen Kita Jakobus, Bielefeld

„Was essen Kinder am liebsten?“ Viele Kinder antworten auf diese Frage: „Süßigkeiten und vor allem Gummibärchen.“ So auch Johanna und Sarah, Kinder der städtischen Kita „Jakobus“ in Bielefeld. Aber ihre Gummibärchen sind anders, nämlich aus Obst und Gemüse. Wie durch das peb-Coaching-Projekt Gummibärchen zu einem ganz besonderen Snack wurden, das möchten wir – das Erzieherteam aus Bielefeld – hier berichten:

Der Startpunkt für unser Coaching war folgende Beobachtung: Schon seit zehn Jahren wird bei uns gekocht. Ein Frühstücksbuffet und ein täglich frisch zubereitetes Mittagessen bot den Kindern ein vielfältiges Angebot. Unsere Mensa war groß und freundlich. Eigentlich fehlte der Kita nichts und die Versorgung der Kinder war frisch und ausgewogen. Ja, aber... Ärgerlich war für uns, dass nach fast jeder Mahlzeit Teller voller Gemüse wieder an die Küche zurückgingen, denn die Kinder mochten Spinat, Brokkoli und Co. nicht so gerne, wie wir Erwachsenen uns das wünschen.

Im Coaching überprüften wir daher im ersten Schritt unser professionelles Verständnis und unsere eigenen Essgewohnheiten. „Gehen wir selbst mit gutem Beispiel voran?“, fragten wir uns. Wir stellten fest, dass auch bei uns noch einiges zu verbessern ist. Auch wir naschten im Vorbeigehen! Weil Naschen ja erlaubt ist, aber immer ein besonderer Genuss sein sollte, führten wir die „Schoko-Genuss-Minute“ ein. Dabei erhält jedes Kind ein Stückchen Schokolade, folgt einer Genussanleitung und genießt den Geschmack.

Im zweiten Schritt wollten wir die Freude an Gemüse und Obst wecken. Gummibären-Ausstecher waren – und sind heute noch – unsere geheimen Helfer und Lockmittel. Das Neue war, dass wir mit den Ausstechformen aus Obst und Gemüse Riesen-Gummibären zauberten, die verlockend auf Tellern angeboten wurden. Auch sonst geht es jetzt kreativer zu: Aus Gurken werden „Gurkenschlangen“ und aus Tomaten Tomaten-Pilze. Zum Frühstück und Mittagessen reichen wir bunte Pommes rot-weiß, das sind Gemüsestreifen mit rotem oder weißem Dip.

Beliebt ist auch das „Apfel-Puzzle“: Mit einem besonderen Ausstecher teilen wir Äpfel in viele kleine Mosaikstückchen. Auf dem Teller lässt sich der Apfel sogar mit Kerngehäuse wieder zusammenbauen, bevor er in den Magen wandert. Auch die Eltern lassen sich von unseren bunten und ansprechenden Obst- und Gemüsevariationen anstecken. Einige Eltern probieren zu Hause verschiedene Dips aus und geben die besten Rezepte an die Kita-Küche weiter. Nicht nur die Kinder essen jetzt lieber Obst und Gemüse, auch die Erzieher greifen öfter zu Apfel und Co.

Vom Schokocremebrot zum Bistro

Heike Böhme und Mandy Hennig, Hort GS Wittekind, Halle/Saale

Die Reaktionen reichten von „Naja, kann ja nicht schaden“, bis zu „Von unseren 120 Kindern sind zwei übergewichtig – wozu brauchen wir das?“, als das Coaching-Projekt der Plattform Ernährung und Bewegung im Hort Wittekind in Halle an der Saale begann. Aber dann schauten wir im Team nach der ersten Selbstevaluation doch ziemlich betroffen. Über Schokocreme und Toastbrot zum Frühstück hatten sich unsere Hortkinder im Alter von sechs bis zehn Jahren noch **nie** beschwert. Außerdem standen ja auch Marmelade und Salami auf dem Buffet, also immerhin für jeden Geschmack etwas. Nicht zu vergessen der „abwechslungsreiche“ Cornflakes-Tag.

Und dann startete „Gesunde Kita – starke Kinder“ – und das Projekt ließ sich wunderbar in den Qualitätsentwicklungsprozess einpassen, den wir im Rahmen des „Kita-Frühlings“ bereits durchliefen. Wo fangen wir an? Die größte Baustelle waren natürlich wir Erwachsenen selbst. Was verstehen wir unter ausgewogener Ernährung? Was ist bei 120 Kindern in einem offenen Hort umsetzbar? Welche finanziellen Voraussetzungen sind nötig, was können wir uns leisten? Wie können wir die Kinder für Abwechslung und gesündere Alternativen begeistern? Ausgewogene Ernährung ist eine Lebenseinstellung und kein Hortproblem – wie können wir die Eltern mit ins Boot holen?

Kerstin, unsere Fachfrau fürs Bistro, setzte sich zu den vespernden Kindern, fragte sie nach ihrer Meinung und besprach mit ihnen folgendes:

- „Was ist eigentlich drin im Essen?“
- „Wie entsteht es?“
- „Woher kommen die Lebensmittel?“
- „Was tut dem Körper gut und was kann ihm schaden?“

Es bildeten sich kleine Diskussionsgruppen. In den folgenden Tagen brachten die Kinder Bilder, Poster und Bücher von zu Hause mit, beispielsweise über die Herstellung von Brot oder über die Inhaltsstoffe von Lebensmitteln. Zudem starteten Clara und Leon, die „Hortrat-Reporter“, eine Umfrage zum Thema: „Was würdet ihr im Bistro verändern?“. Kurzum, es bewegte sich etwas.

Um **alle** Kinder einzubeziehen, griffen die Mitarbeiter das Thema „ausgewogene Ernährung“ in ihren Kinderkonferenzen (vierzehntägig stattfindende Versammlung mit jeweils 20 bis 25 Bezugskindern) auf. Sie fragten die Kinder nach ihren Wünschen für ein abwechslungsreiches Essen, eingebunden in die Überlegung, was wichtig für ihren Körper wäre. Man sprach über Regeln, die eine angenehme Bistroatmosphäre schaffen können. Zusätzlich wurden alle Kinder gebeten, ihre Lieblingsrezepte mitzubringen, Rezepte, von denen sie wussten, dass sie schmecken und von denen sie glaubten, dass sie zu einer ausgewogenen Ernährung beitragen könnten.

Die Erzieher sammelten die Vorschläge für die neuen Regeln und übergaben sie dem Hortrat, dem übergeordneten Gremium, der in zwei Sitzungen die wichtigsten fünf Regeln zusammenstellte und nach Absprache mit dem Erzieherteam veröffentlichte.

Die Veränderungen im Bistro waren nicht zu übersehen: Von 13.00 bis 13.30 Uhr bereiteten die Kinder mit Kerstin das Buffet vor. Viele frische und leckere Sachen wurden angerichtet: selbst gebrühter Kräutertee, Quark mit selbst geernteten Kräutern, fettarme Wurst, verschiedene Käsesorten, saisonales Obst und Gemüse, selbst zubereitete Brotaufstriche sowie selbst gebackenes Brot mit zusätzlichen Zutaten und Kräutern.

Doch über dem sonnigen Bistrohimmel zogen bald dunkle Wolken auf. Immer mehr Rufe nach Schokocreme wurden laut. Es gipfelte darin, dass Ole, Ramon und Paul aus der vierten Klasse in der Werkstatt ein großes

„Wir wollen einen Schokocremetag!“-Plakat anfertigten und damit auf Unterschriftenfang gingen. Wir Erzieher freuten uns über zwei Dinge:

- Unsere Kinder haben verinnerlicht, ihre Geschicke selbst in die Hand zu nehmen – eben Partizipation zu leben.
- Mehr als die Hälfte aller Kinder hat sich entschieden, diese Liste **nicht** zu unterschreiben, trotz geballter Viertklässlerkraft!

Wie es ausging? Jeden Mittwoch steht nun ein Glas mit Schokocreme zwischen Tomaten, Radieschen, Melone und Kräuterquark.

Regeln für den Essensraum im Hort Wittekind

- Meinen Becher wasche ich selber ab!
- Ich verlasse meinen Platz ordentlich!
- Mein Essen und Trinken nehme ich mir selber!
- Wir unterhalten uns leise!
- Mit dem Essen bleiben wir im Essraum!

Unser Frühstück machen wir selbst

Mechtild Budéus, Kita Unter dem Regenbogen, Mülheim

Die Eingangstür der katholischen Kita „Unter dem Regenbogen“ (Kita-Zweckverband im Bistum Essen) öffnet sich und der kleine Philipp und seine Mutter kommen herein. Philipp bringt Tomaten und einen Apfel mit und legt alles in einen großen Korb in der Eingangshalle. Darin liegen schon Gurken, Paprika, Kohlrabi, Pflaumen, Nektarinen, Trauben und Bananen. Denn nicht nur Philipp und seine Mutter füllen den Korb, sondern auch die anderen Kinder und ihre Eltern. Der bunt und prall gefüllte Korb ist richtig hübsch anzusehen und gut schmeckt Philipp und seinen Freunden das Gemüse und Obst auch noch.

Die Kinder der Kita dürfen ihr mitgebrachtes Gemüse und Obst selber schneiden und auf Platten anrichten. Dieses Angebot ist jetzt fester Bestandteil unseres Bildungsangebotes. Eine Erzieherin leitet die Kinder bei diesem Angebot an. Zur Abwechslung für alle wechseln die Erzieher täglich die betreute Station.

Diese Obst- und Gemüseplatten werden im Foyer, unserem „Speisesaal“, zum Frühstück und vor dem Mittagessen gereicht. Hier dürfen nicht nur die größeren Kinder schnibbeln und drapieren, auch für die Kleinen gibt es die Möglichkeit mitzumachen. Unsere Kleinsten, gerade mal drei Jahre alt, bekommen kleinere Messer, die nicht so scharf sind, und schneiden das weiche Obst und Gemüse. Die selbst fertiggestellten Obst- und Gemüseplatten stehen den Kindern nachmittags noch frei zur Verfügung, so können auch im Laufe des Tages kleine Gemüse- und Obstsnacks genascht werden. Anfangs haben wir Erzieher der Kita „Unter dem Regenbogen“ die Tische für die Mahlzeiten gedeckt, heute beteiligen wir auch die Kinder. So lernen alle, welchen Platz Messer und Gabel, Teller und Becher haben sollten. Die Dekoration wird ebenfalls von den Kindern gestaltet und sieht je nach Jahreszeit und Aktion der Kita immer wieder anders aus.

Philipp ist eines von vielen Kindern, die sich fast täglich für das Obst- und Gemüseangebot entscheiden und beim Tischdecken mitmachen. In der Regel dauert das tägliche Vorbereiten der Obst-/Gemüseteller und Tischeindecken etwa eine dreiviertel Stunde. Nicht nur Philipp und seine Freunde finden die morgendliche Aktion super, auch die Eltern der Kinder sind begeistert. Durch die offene Gestaltung im Foyer – einerseits der Obst- und Gemüsekorb, in den jeder etwas hineinlegt, und andererseits die selbst vorbereiteten Platten, von denen sich jeder bedienen kann – ist ein guter Elterndialog entstanden und die Erzieher erfahren regelmäßig positive Rückmeldungen und Anmerkungen von den Eltern.

Bewegungsfreundliche Kita

Kindheit – krabbeln, klettern, hüpfen, springen, ringen, raufen, laufen, rennen ... Das war einmal. Bewegungsdiebe machen sich in unserem Leben breit: Autos, Rolltreppen, Busse, Spielkonsolen und vieles mehr. Selbst für kleine Wege, die früher selbstverständlich zu Fuß erledigt wurden, nutzen wir heute das Auto. Vielfach fehlen aber auch Bewegungsfreiräume in

Städten und Gemeinden, in denen ein gefahrloses freies Spiel für Kinder möglich ist. Umso wichtiger ist die Gestaltung von Kitas und deren Umfeld sowie ein zur Bewegung anregender Kita-Alltag. Erforschen Sie Ihre Kita und lassen Sie sich anregen von unseren Fragen. Nicht alle Veränderungen müssen so groß sein wie die Umgestaltung eines Gartens in einem unserer Praxisbeispiele. Auch das Integrieren von regelmäßigen Bewegungsübungen in ein Kita-Ritual wie den Morgenkreis kann vieles „bewegen".

Checklisten und Reflexionsfragen

Checkliste Bewegungsangebot

	Erfüllt	Teilweise erfüllt	Noch nicht erfüllt	Team ist sich nicht einig
Stehen Außen- und Innengelände der Kita für das freie Spiel der Kinder die meiste Zeit des Tages frei zur Verfügung?				
Stehen für Kleinstkinder und jüngere Kinder bei Bedarf ungestörte Teile der Innenräume bzw. des Außenbereichs zur Verfügung?				
Bewegen sich die Kinder täglich an der frischen Luft (Außengelände, Unternehmungen)?				
Fordern vielfältige, leicht bewegliche Materialien und ein durchdachtes Raumarrangement im Innen- und Außenbereich zu freiem Gestalten von Bewegungsräumen, zum selbstständigen Bauen von Bewegungslandschaften sowie zum Experimentieren auf?				
Unterstützen Fachkräfte Kleinstkinder und jüngere Kinder in ihrem selbstständigen Bewegungsbedürfnis, in dem sie Hindernisse ausräumen (z. B. Türen, schwere Gegenstände)?				

Checkliste Bewegungspädagogik

	Erfüllt	Teilweise erfüllt	Noch nicht erfüllt	Team ist sich nicht einig
Greifen Sie/das Team die kindlichen Bewegungsaktivitäten und situative Bewegungsanlässe immer wieder auf und entwickeln sie gemeinsam mit den Kindern weiter?				
Greifen Sie/das Team die kindlichen Bewegungsaktivitäten und situative Bewegungsanlässe immer wieder auf und entwickeln sie gemeinsam mit den Kindern weiter?				
Greifen Sie/das Team die kindlichen Bewegungsaktivitäten und situative Bewegungsanlässe immer wieder auf und entwickeln sie gemeinsam mit den Kindern weiter?				
Greifen Sie/das Team die kindlichen Bewegungsaktivitäten und situative Bewegungsanlässe immer wieder auf und entwickeln sie gemeinsam mit den Kindern weiter?				
Ermutigen Sie/das Team das Bedürfnis von Kleinstkindern, den eigenen Körper zu erkunden und unterstützen Sie bei der aktiven Entwicklung der Körperkontrolle, z. B. genug Zeit für Wickeln, nacktes Strampeln, selber Halten der Flasche, Selbsterkundung des Körpers und aller Körperfunktionen, viel Körperkontakt?				
Planen Sie/das Team in jeder Woche für alle Kinder angeleitete Bewegungsangebote und berücksichtigen dabei die unterschiedlichen Bewegungsdimensionen wie Kraft, Schnelligkeit, Ausdauer, Beweglichkeit, koordinative Fähigkeiten und Geschicklichkeit (Grob- und Feinmotorik)?				

	Erfüllt	Teilweise erfüllt	Noch nicht erfüllt	Team ist sich nicht einig
Haben alle Kinder die Gelegenheit, spielerisch ihre Kraft, Schnelligkeit, Beweglichkeit und Geschicklichkeit einzusetzen sowie ihre Grenzen zu erkennen?				
Ermutigen Sie/das Team Kinder zur Bewegung und vermitteln Freude daran, ungewohnte Bewegungsaktivitäten zu erproben, jedoch wird kein Kind zur Bewegung gedrängt?				
Ermutigen Sie/das Team Kleinstkinder und jüngere Kinder zur selbstständigen Erledigung von Alltagsbewegungen (z. B. Löffel halten, Kleidung anziehen, Windeln anlegen)?				
Werden Bewegungstraditionen unterschiedlicher Herkunftskulturen respektiert und Bewegungsspiele aus allen Kulturen aufgegriffen und angeboten, die in der Kita vertreten sind?				

Impulsfragen: Erproben von Bewegungsgrundformen

Bieten die Innenräume und der Außenbereich der Kita vielfältige Gelegenheiten zum Ausüben und Erproben der Bewegungsgrundformen, z. B. durch Leitern, Kästen, mobile Einrichtungsgegenstände, stabile Möbel, unterschiedliche Ebenen, Bäume, Schrägen, Schaukeln verschiedener Art, Hängematte, Taue, Röhren ...?

Wenn ja, welche Bewegungsformen sind möglich? Bitte ankreuzen:

- ❑ Hochziehen
- ❑ Kriechen und Krabbeln (Kleinstkinder)
- ❑ Klettern und Schaukeln
- ❑ Rutschen
- ❑ Rollen
- ❑ Springen
- ❑ Rennen
- ❑ Hüpfen
- ❑ Werfen
- ❑ Raufen
- ❑ Fahren
- ❑ Hängen und Balancieren

Impulsfragen: Ist Bewegung nachhaltig in die Einrichtung integriert?

- Werden täglich kurze Bewegungspausen (z. B. Bewegungsspiel im Morgenkreis), in denen sich Fachkräfte und Kinder gemeinsam bewegen, in den Kita-Alltag mit einbezogen?
- Teilt sich das Kita-Team die Betreuung und Anleitung von Bewegungsaktivitäten so untereinander auf, dass die Bewegungskompetenzen aller Fachkräfte möglichst aktiv zur Wirkung kommen?
- Bilden Sie sich/Ihre Kollegen in den Bewegungsbereichen und in den persönlichen Bewegungskompetenzen, die für die Arbeit in der Kita benötigt werden, fort?

Übungen und Tipps

Auf fremden Planeten

„Knall, knall, knall, wir fliegen jetzt ins All. Der Countdown läuft: 10, 9, 8, 7, 6, 5, 4, 3, 2, 1!“ Mit dem Flugritual beginnt die Reise zu fremden Planeten. Dabei klatschen alle mit den Händen auf den Boden, bei 3 gehen Kinder und Betreuer in die Hocke und bei 0 steigen die „Raketen“ im Strecksprung in die Höhe. Nach dem Start landet die Rakete auf fremden Planeten und startet von dort immer wieder zum nächsten Planeten. Auf jedem Planeten gibt es etwas zu tun, zum Beispiel:

- Tier-Planet (Tiere imitieren)
- Fahrzeug-Planet (Fahrzeuge imitieren)
- Zeitungs-Planet (Spiel mit Zeitung)
- Spielplatz-Planet (Bewegungsparcours)

Zum Abschluss geht es zurück zur Erde. Wie auch auf den fremden Planeten endet der Flug immer mit einer sanften Bauchlandung.

Die beiden Füße

Dies ist eine kurze Bewegungsgeschichte für den Begrüßungs- oder Abschlusskreis. „Guten Tag, ihr Füße Wie heißt ihr denn? Ich heiße Hampel – und ich heiße Strampel. Ich bin das Füßchen Übermut und ich das Füßchen Tunichtgut. Übermut und Tunichtgut gingen auf die Reise. Patsch, durch alle Sümpfe, nass sind Schuh und Strümpfe. Schaut die Mutter um die Eck', laufen alle beide weg."

Kinder sitzen im Kreis und begrüßen ihre Füße. Den rechten und den linken Fuß anheben. Mit dem rechten und linken Fuß zappeln. Aufstehen und auf der Stelle treten. Mit beiden Füßen kräftig auf den Boden stampfen. Beide „nassen" Füße in der Luft ausschütteln. Eine Hand über die Augen legen und Ausschau halten. Kinder laufen weg oder durcheinander und suchen sich einen neuen Platz.

Der begehbare Zahlenstrahl

Kinder und Erzieher gestalten gemeinsam einen Zahlenweg mit den Ziffern 0 bis 10 oder 20. Dabei sind der Fantasie keine Grenzen gesetzt. Auf dem Außengelände lässt sich der Zahlenweg mit Kreide auf dem Boden malen. In der Kita können Blätter mit Zahlen beschriftet und mit Klebestreifen auf dem Boden befestigt werden. Natürlich eignen sich auch andere Materialien als Zahlenbausteine, z. B. beschriftete Würfel, Teppichfliesen, Steine und vieles mehr. Ist der Zahlenweg fertig, können die Kinder ihn Schritt für Schritt erkunden. Zahlen begehen und gleichzeitiges Zählen, prägen die Zahlenreihe noch besser ein. Wer kann auf einem Bein hüpfen – und zwar so oft, wie die jeweilige Zahl es verheißt? Die zuschauenden Kinder klatschen dazu rhythmisch in die Hände – so ist der Lerneffekt noch größer. Wenn die Zahlenreihe eine Treppe hinaufmarschiert, wird durch den Höhenunterschied die auf- oder absteigende Zahlenfolge noch intensiver erfahrbar.

Verborgene Schätze entdecken

Schatzsucher versuchen, in vernachlässigten Bereichen wieder positive Ansätze für sich zu finden. Zum Beispiel: Bewegung hat mir einmal Spaß gemacht, als ich noch regelmäßig mit dem Fahrrad zur Kita fuhr. Seit ich das Auto habe, bin ich bequem geworden. Frische Luft am Morgen macht mich aber wach und tut mir gut. Ich versuche, ab heute – zumindest bei trockenem Wetter – mit dem Fahrrad zu fahren. Und ich frage meine sportliche Kollegin nach Bewegungsspielen, die ich auch untrainiert gut mit den Kindern machen kann.

Umsetzungsbeispiele aus der Praxis

Eltern-Kind-Bauprojekt Garten

Kita-Team des katholischen Kindergartens St. Elisabeth, Mülheim

Als wir mit dem peb-Coaching-Projekt begannen, sah die Ausstattung unseres Gartens so aus: ein unbewegliches Klettergerüst. Wir, das Team der katholischen Kita St. Elisabeth, sahen und ergriffen die Chance. Eine neue Außenanlage, in der die Kinder kreativ gestalten, sich frei entfalten und bewegen können, war unser Ziel. Mit vorhandenen eigenen Mitteln konnten wir Nestschaukel und Reckstangen sinnvoll ergänzen durch einen neuen Zaun, zwei Bauwagen, zwei Sandkästen, verschiedene LKW-Reifen, Traktorreifen, Hügel mit Tunnel, seitliche Schutzgitter und Rollrasen. Als bewegliches Material bieten wir den Kindern neben dem herkömmlichen Sandspielzeug auch Autoreifen, Wasserrohre und Haushaltsgegenstände an.

Aber bis wir die Geräte aufstellen konnten, war es ein langer Weg. Auf der Grundlage von Beobachtungen im Wald (einmal in der Woche ist für jede Gruppe Wandertag), im Außengelände, auf Spielplätzen und Erinnerungen aus der eigenen Kindheit diskutierten wir, was wir wollen. Die Kinder unserer Kita konnten „ihren“ Traumspielplatz malen und somit Ideen einbringen. Verschiedene Zeichnungen wurden angefertigt und wieder verworfen. Die erste „abgestimmte“ Zeichnung wurde schließlich den Eltern auf einem Elternnachmittag vorgestellt und diskutiert. Ein ehemaliger Kita-Vater verwandelte unsere Ideen in eine erste „offizielle“ Zeichnung.

Bahn frei für den Abriss hieß es dann, nachdem der Träger, der Kita-Zweckverband im Bistum Essen, unseren Plänen zustimmte. Gemeinsam mit den Eltern gingen wir ans Werk. Beim Aufschichten der Pflastersteine hieß es: „Die Trümmerfrauen sind im Einsatz!“ Mit dem Anrücken der Bagger begann für die Kinder die schönste Zeit. Vom Ersatzgarten, der Pfarrwiese, aus beobachteten und dokumentierten sie die Baggerarbeiten. Anders das Gefühlsleben der Erzieher: Hier dominierten Unbehagen, Nervosität und Entsetzen. Und natürlich Zweifel, Zweifel, Zweifel! Klar, wie sieht schon eine Außenanlage für Kinder ohne einen einzigen Grashalm aus?!

„Alles wird gut“: Unser Coach Ilka Pfütze sprach uns Mut zu, stand uns mit gutem Rat zur Seite und war für uns da. Grobe Baggerarbeiten, dann ein neuer Zaun, aber außer Mutterboden mit Löchern, für die Sandkästen oder die späteren Reifen, war lange nichts zu sehen. Die Eltern wurden ungeduldig!

Dann kam endlich die Röhre für den Berg und ein neuer Bauabschnitt wurde eingeleitet. Der alte Sandkastensand wurde als erste Anschüttung für den Berg genommen. Zum Abschluss kamen dann noch 20 Zentimeter Mutterboden darauf und eine Autoreifentreppe wurde angelegt.

Am nächsten Morgen: Die beiden Bauwagen als Depot für das Sandspielzeug und zum Spielen sind da! Mit dem Sand für die Sandkästen kam die nächste Diskussion. Welche Begrenzung schaffen wir um die Sandkästen, damit der Sand nicht komplett herausgetragen wird? Wir einigten uns auf dicke Abwasserrohre für den viereckigen Sandkasten und Autoreifen für den ovalen, weil diese sitztauglich und kostengünstig waren. Bevor nun der Rollrasen gelegt werden konnte, wurden noch die LKW-Reifen vertikal einbetoniert. Nach rund acht Wochen, die uns, den Kindern und den Eltern unendlich lang vorkamen, konnte das „Teletubby-Land“ auf einem Sommerfest den Kindern übergeben werden. Und, oh Wunder, durch eine überraschende Erbschaft waren wir plötzlich in der

Lage, ein Spielhaus und ein Klettergerüst mit Rutsche für die Kinder unter drei Jahren anzuschaffen.

Unser Fazit: Es hat uns sehr viel Spaß gemacht, unsere Außenanlage zu verändern. Endlich hatten wir es in der Hand, sie so zu gestalten, wie wir es wollten. Die Veränderung der Außenanlage ist noch nicht abgeschlossen. Die im Alltag fehlenden Bewegungsräume können die Kinder nun bei uns erfahren, z.B. die schiefe Ebene, den Hügel, im Außengelände erkunden. Die Kinder üben sich in verschiedenen Fortbewegungsarten, wie rollen, rutschen, kriechen, springen, rennen ... Gleichzeitig wird dieser Hügel als Aussichtsturm, wenn die Kinder jemanden suchen, oder als Bühne für ihr Rollenspiel genutzt. Der Fußballplatz begeistert die Kinder täglich. So sind wir „Weltmeister" geworden und niemand anderer. Die gesamte Rasenfläche ist nun eine „Pferdewiese" – „Pferdchenspiele" spielten vorher nur einzelne Kinder.

Immer wieder schauen wir, welche Bedürfnisse die Kinder haben und wie wir sie kostengünstig umsetzen können – beispielsweise auch durch Tipps von einem Naturpädagogen. Es wird noch eine Zeit dauern, bis wir „fertig" sind, aber Vorfreude ist ja bekanntlich die schönste Freude! Die Kinder haben die Sandkästen gut angenommen: „Buddeln" ist der Renner. Am liebsten tun sie das in der Ecke hinter dem Bauwagen oder am Hügel, denn dort finden sie schwarze Erde, die sie dann mit hellem Sand mischen können, für ihren „Marmorkuchen".

Wir „ringen und raufen"!

Karin Orth-Hesener und das Team der städtischen Kita Jakobus, Bielefeld

„Unsere" Kinder haben Lust auf Ringen und Raufen. Täglich steigen Jungen **und** Mädchen in den Ring! Ganz ehrlich, der Alltag in der städtischen Kita „Jakobus" in Bielefeld ist ohne „Ringen und Raufen" nicht mehr vorstellbar. Die Resonanz ist so positiv bei Eltern, Kindern und Mitarbeitern, dass dieses Bewegungsangebot fest in die Eingewöhnungsphase und den Alltag integriert ist. Dabei sah es mit der Begeisterung für Bewegung vor ein paar Jahren noch ganz anders aus.

Wie kommen wir zu diesem nicht ganz alltäglichen Angebot? Am Anfang stand die Erkenntnis, dass heute Bewegungsmangel herrscht. Bei vielen Kindern stellten wir motorische Unausgeglichenheit oder Defizite fest. Mit etwas Wehmut dachten wir an alte Kinderspiele im Freien zurück, die mit Bewegungsaktivitäten verbunden waren: Ball spielen, verstecken, fangen, rangeln, ringen und raufen. Unbewusst haben Kinder so vieles dabei geübt und vertieft: Grob-und Feinmotorik, Nähe und Distanz, Einhalten von Regeln, Ahnden von Regelverstößen und vieles mehr. „Schade, dass es das nicht mehr so oft gibt," war der nächste Gedanke. Und der übernächste Gedanke: „Kann eine Kita eines dieser bekannten und beliebten Kinderspiele wieder aktualisieren?"

Für die Antwort auf diese Frage holten wir uns Hilfe. An einem der folgenden Teamtage führte ein Sportlehrer aus Köln das gesamte Team in die Kunst des „Ringens und Raufens" ein. Nicht nur theoretisch, sondern auch praktisch rauften Kollegen und Kolleginnen miteinander. Nachdem anfängliche Ängste und Bedenken verflogen waren, spürten wir selbst, wie sich ein respektvolles Miteinander einstellt und wie wohltuend das Ringen für das Körpergefühl ist. Unsere Begeisterung für das „Ringen und Raufen" trugen wir auf Elternabenden und verschiedenen Workshops mit Eltern und Kindern weiter. Durch unsere aktive Elternarbeit sicherten wir die Akzeptanz für dieses Angebot bei den Eltern.

Ein Elternabend zum „Ringen und Raufen" begann aktiv: Die Eltern bewältigten geschickt einen Parcours zur Begrüßung. Über Stühle, Bänke, Wippen und unterschiedlichste Bodenflächen gelangten sie zu ihrem Platz. Theorie und Praxis wurde an diesem Abend lebendig durch eigenes Erleben vermittelt. Anhand von Schnappschüssen des Teamtages erläuterte die Kita-Leitung, welche Ziele wir mit „Ringen und Raufen" verfolgen möchten und welche Regeln erlernt werden. Mit Neugier nahmen viele Eltern mit ihren Kindern an den nachfolgend angebotenen Workshops teil und stiegen mutig in den Ring. Zu Beginn waren hauptsächlich Väter mit ihren Söhnen hellauf begeistert. Mütter und Töchter wurden durch eine eigens dafür ins Leben gerufene Gruppe von Frauen für Frauen bzw. Mädchen, von dieser Euphorie angesteckt. Heute wird „Ringen und Raufen" in gemischten Gruppen oder Familiengruppen gewünscht.

In der Praxis sieht ein „Kampf“ beim „Ringen und Raufen“ so aus: Im Ring herrschen feste Regeln, auf deren korrekte Einhaltung ein Schiedsrichter, Kind oder Erzieher, achtet. Zwei Spieler treten gegen einander an, eine runde Turnmatte dient als Ring. Alle anderen Kinder der Gruppe sichern den Rand des Ringes ab. Erlaubt ist: ziehen, wackeln, rangeln. Verboten ist: beißen, kratzen, kneifen. Wichtig ist: Schnelligkeit, Geschicklichkeit, Wendigkeit. Oberste Regel: Sobald ein „Aua!“ erklingt, wird der Kampf unterbrochen. Geht ein Partner im Kampf zu Boden, gibt es einen Punkt für den „Sieger“. Das Kind, das **nicht** als Gewinner aus der Runde hervor geht, darf bestimmen, wie es weiter geht. Entweder sucht es sich einen neuen Partner aus oder bestimmt zwei ganz neue Ringer. Wichtig ist, dass ein respektvolles Miteinander im Ring und um den Ring herrscht und Regeln eingehalten werden. Große gegen Kleine, Jüngere gegen Ältere, Kinder gegen Erzieher, Kinder gegen Eltern – alles ist möglich! Bei unseren Kämpfen zählt nicht die Kraft, sondern Geschicklichkeit, Wendigkeit und Gerechtigkeit! Und was passiert im Kita-Alltag? Körpergefühl und Empathie für den Mitspieler und Bewegungsfreude mit viel Spaß stellen sich ganz selbstverständlich ein.

Spaßjoggen für Kinder

Mechtild Budéus, Kita Unter dem Regenbogen, Mülheim

„Joggen – das ist was für Große“. Wir, die katholische Kita „Unter dem Regenbogen“ aus dem Bistum Essen, sehen das anders. Jeden Montag, Mittwoch und Freitag gegen halb neun starten zwei Teamkolleginnen mit 18 bis 24 Kindern zum Kinder-Joggen. Seit drei Jahren gibt es bei uns schon dieses besondere Bewegungsangebot, zur Stärkung des Miteinanders und zur Gesundheitsförderung.

Eine Joggingrunde sieht bei uns so aus: Wir beginnen mit einer kurzen Aufwärmphase und fangen dann mit einem lockeren Lauf an. Das Gelände um unsere Kita bietet sich für eine kleine, ca. zwei Kilometer lange Joggingrunde an. Damit Spiel und Spaß nicht zu kurz kommen, bauen wir, mit Hilfe der Umgebung, kleine Spielsequenzen ein. Unsere Runde führt anfangs unter einer Brücke hindurch. Dort vertreiben wir erstmal die letzte

Müdigkeit der Kinder und auch unsere eigene. Alle rufen laut „Hallo Brücke, aufstehen!“ und warten auf das Echo. Auf unserem weiteren Weg finden sich immer wieder neue Spielmöglichkeiten. Besonders gut kommt bei unseren kleinen Joggern das Flugzeugspiel an: An den Fahnenstangen der Mülheimer Landesgartenschau simulieren wir ein Flugzeug, das die aktuellsten Urlaubsziele der Kinder ansteuert. Da fliegen wir schon einmal über Meere auf spanische Inseln oder über die Berge im Süden Deutschlands. Ein weiteres beliebtes Spiel auf unserer Runde ist das Schlangenspiel. Eine große, grüne Wiese wird dann von uns in Schlangenlinien überquert. Auf dem Rückweg laufen wir wieder unter unserer Brücke hindurch. Jetzt rufen wir unsere Namen.

Unsere Kinder finden besonders die Spiele klasse, die sich mit der Umgebung kombinieren lassen. Da sich das Gelände um unsere Kita wunderbar für solche Spiele eignet, fallen uns immer wieder neue kleine Spiele ein, beispielsweise Slalomlaufen um eine Baumreihe oder um Steine. Den Matschplatz nehmen wir zum „Sandjoggen“ oder wir nutzen die Spielgeräte zum Hindernislauf. Hier sind der Fantasie keine Grenzen gesetzt. Durch unsere Regelung, dass der Frühdienst mit den Kindern joggen geht, ist ein rotierendes System entstanden, in dem jede Mitarbeiterin gleich oft in ihre Laufschuhe schlüpft und mit den Kindern unterwegs ist. Die Kinder selbst können frei entscheiden, ob sie mitlaufen möchten. Unsere Erzieher tragen bei jeder Runde ein Handy und Verbandszeug mit sich, das wir jedoch zum Glück in drei Jahren Kinder-Joggen noch nicht verwenden mussten.

Kurz gesagt, das Bewegungsangebot „Joggen für Kinder“ in der Kita kommt nicht nur hervorragend bei unseren kleinen Läufern an, sondern begeistert auch bis heute die gesamte Mitarbeiterschaft. Anfangs haben sich auch viele Eltern zu unserem sportlichen Programm motivieren lassen und sind mit uns mitgelaufen. Dies wollen wir in Zukunft wieder ins Leben rufen, denn Joggen ist ja auch was für Große.

Entspannter Kita-Alltag – so geht es

Zwei Kinder werden gleichzeitig gebracht, jedes Elternteil möchte kurz mit Ihnen sprechen, ein weiteres Kind muss dringend zur Toilette und die Kollegin, die Sie sonst in der Gruppe unterstützt, ist heute krank. Vermutlich fragen Sie sich – zu Recht –, wo das Thema Entspannung in der Kita seinen Platz finden kann. Das war auch bei den teilnehmenden Kitas im Pilotprojekt „Gesunde Kitas – starke Kinder" so. Doch nach der Bestandsaufnahme, die Sie ebenfalls mit Hilfe unserer Checklisten und Fragen durchführen können, stand für die meisten fest: Wir wollen und müssen etwas tun. Entspannte Fachkräfte strahlen Ruhe aus und das wirkt wiederum positiv auf die Kinder. Und nur Mut: Der Weg zu mehr Entspannung ist nicht so schwer, wie er scheint, mit unseren Übungen und Anregungen, z. B. zur Gestaltung eines Traumzeltes oder Entspannungsraums.

Checklisten und Reflexionsfragen

Checkliste Entspannungsangebot

	Erfüllt	Teilweise erfüllt	Noch nicht erfüllt	Team ist sich nicht einig
Gibt es ausreichend ständig verfügbare Ruhe- und Rückzugsbereiche, in denen die Kinder sich entsprechend ihren Ruhe- und Rückzugsbedürfnissen aufhalten können?				
Steht für jedes Kleinkind jederzeit ein geschützter Schlafplatz mit seinem persönlichen Kuscheltier oder seiner Decke zur Verfügung?				
Bietet das Außengelände Gelegenheit zum Rückzug (z. B. Sitzgelegenheiten, nicht einsehbare Spielnischen für ungestörtes Spiel, Versteck- und Ruhezonen durch Bepflanzung)?				

Checkliste Tagesablauf

	Erfüllt	Teilweise erfüllt	Noch nicht erfüllt	Team ist sich nicht einig
Können die Kinder für Fixpunkte und Routinen im Tagesablauf, wie Begrüßung, Mahlzeiten, Pflegeabläufe, Ruhezeiten und Verabschiedung weitgehend ihr individuelles Tempo finden?				
Können Kleinstkinder und jüngere Kinder bei Bedarf entsprechend ihrem individuellen Rhythmus zu unterschiedlichen Zeiten essen, spielen, schlafen oder Aktivitäten nachgehen?				
Bieten die Übergänge zwischen Aktivitäten und ruhigeren Abläufen genügend Zeit, so dass Kinder in Ruhe wechseln können?				
Können die Kinder ihrem individuellen Ruhebedürfnis während des Tages jederzeit nachkommen und sich in die dafür ausgestatteten Bereiche zurückziehen, z. B. Nischen, Zelte, Kuschel- und Traumecken mit angenehmer Raumtemperatur, weiche Matratzen, kuschelige Decken?				
Können auch jüngere Kinder diese Ruhebereiche selbstständig erreichen?				
Ermöglichen Ruhe- und Rückzugsbereiche für jüngere Kinder und Kleinstkinder gleichzeitig eine Nähe zum Gruppengeschehen (z. B. Hängekorb, Matratzenecken)?				

Impulsfragen zur Entspannungspädagogik

- Bietet das pädagogische Angebot in jeder Woche allen Kindern spielerische Entspannungsübungen, die sich an der Erlebniswelt der Kinder orientieren und von ihnen als sinnvoll erfahren werden?
- Ermöglichen Sie Stillemomente, in denen sich Kinder auf einzelne Erlebnisse und Bilder konzentrieren und Erlebtes verarbeiten können?

- Helfen Sie Kindern, die z. B. müde oder abgespannt wirken, zur Ruhe zu kommen (etwa durch Vorlesen einer Entspannungsgeschichte, ruhige Musik hören, auf dem Schoß wiegen)?

Impulsfragen: Und wie geht es Ihnen?

- Sind klare Pausenregelungen und eine ruhige Pausenumgebung für pädagogische Fachkräfte eingeplant und in den Tagesablauf integriert?
- Nutzen Sie selbst kleine Entspannungsübungen zum Durchatmen für zwischendurch?
- Bilden Sie sich in Entspannungstechniken fort (mindestens eine Kraft pro Gruppe)?

Übungen und Tipps

Sonja Quante und Susanne Wolf

Zauberschlaf (Übung zum Wechsel von Spannung/Entspannung)

Die Erzieherin fängt als Zauberer die Kinder, indem sie sie mit einem Schlafzauberstab (z. B. gerollte Zeitung) antippt. Wer berührt worden ist, wird ganz müde und legt sich auf den Boden (dafür evtl. vorher Matten bereit legen). Wenn alle Kinder verzaubert sind, weckt die pädagogische Fachkraft sie aus ihrem Zauberschlaf, indem sie flüsternd jedes Kind einzeln ruft. Nur dadurch werden sie wieder wach, stehen auf und schleichen zum „Zauberer“.

Bootstour (Berührspiel)

Die Kinder gehen paarweise zusammen. Auf dem Rücken oder dem ganzen Körper des Partnerkindes fährt ein Boot oder ein Schiff seine Runden (mit einem Sand-/Reissäckchen oder mit der flachen Hand über den Körper fahren). Start ist am Hafen (unterhalb des Nackens).

Das massierte Kind kann wählen, ob es gern ein Ruderboot, ein Tretboot, einen kleinen Ausflugsdampfer oder eine schwere große Fähre, ... fahren lassen möchte (Druck dementsprechend stärker oder weniger stark). Soll sich dieses nur auf dem Rücken, den Beinen, über den ganzen Körper ... bewegen?

Das kleine „Guten Morgen" (Ritual mit Berührung)

Die Kinder bilden einen Kreis und geben sich die Hände. Ein Kind schickt nun (z.B. im Morgenkreis) das kleine „Guten Morgen" auf die Reise, indem es wortlos die Hand seines rechten oder linken Nachbarn drückt. Dieser gibt das kleine „Guten Morgen" weiter, bis es beim ursprünglichen Sender wieder angekommen ist. Dieser sagt zum Zeichen, dass es angekommen ist, laut „Guten Morgen", worauf alle im Chor laut antworten: „Guten Morgen!" Wenn die Kinder möchten, können sie die Augen schließen, wenn das kleine „Guten Morgen" unterwegs ist.

Zwei kleine Entspannungsübungen für zwischendurch

- **Mein Kraftbild:** Gehen Sie mit den Kindern so häufig wie möglich in die Natur oder in den Garten. Frische Luft und Bewegung tut nicht nur den Kindern, sondern auch der eigenen Gesundheit gut. Wenn Sie das nächste Mal draußen sind, drehen Sie eine kleine Spazierrunde und halten Sie bewusst Ausschau nach Details, die Sie besonders ansprechen (z.B. eine Blüte oder ein Schmetterling, ein Eiskristall im Winter, ein feuchtes farbiges Blatt). Machen Sie aus diesem Bild für sich ein Kraftbild, indem Sie es mit allen Sinnen wahr nehmen (daran riechen, es befühlen, ...) und dabei dreimal tief ein- und ausatmen. Fühlen Sie die Freude über das Schöne in sich wachsen ...

- **Ausschüttler (ca. 1–2 Minuten):** Bauen Sie in die Morgenroutine (oder z.B. nach dem Mittagessen) eine Streck-, Reck- und Lockerungsübung mit der Kindergruppe ein, die Sie selbst auch für sich ausgiebig nutzen (wenn Sie mögen, auch mit Musik!): Stehen Sie auf und machen Sie sich so groß Sie können, schauen Sie dabei nach oben und atmen Sie tief ein und aus. Dann beginnen Sie, die Gliedmaßen von oben nach unten kräftig auszuschütteln: erst die Hände, dann die Arme, die Schultern, den ganzen Oberkörper, den Po und zum Schluss die Beine. Am Ende darf der ganze Körper für einen Moment wie eine Gummipuppe hüpfen und tanzen. Dann ruhig stehen bleiben und beide Hände auf den Unterbauch legen, den Atem spüren, wie er ganz von selbst fließt und den Bauch leicht auf und ab bewegt.

Umsetzungsbeispiele aus der Praxis

Traumzelt oder Traumraum – so können sie aussehen

Sabina Wesling

Ein Raum mit bunten Lichtern und einer gemütlichen Kuschelecke mit Musik und Sternenhimmel lädt zum Entspannen ein. In vielen Kindertagestätten sind „Traumräume" zu finden. Sinn eines solchen Traumraums ist es, den Kindern und auch den Mitarbeitern die Möglichkeit zu bieten, sich zu entspannen, Traumreisen durch schillernde Fantasiewelten, Sinnesschulungen zu gestalten und vieles mehr. Innerhalb des peb-Coachings haben einige Kitas sich zum Ziel gesetzt, einen solchen Traumraum in ihrer Kita zu gestalten.

Was braucht man dazu? Ein separater Raum wäre wunderbar, ist aber nicht zwingend nötig. Ein Zelt, bunte Tücher über einer Spielplattform oder eine Ecke im Gruppenraum können – ansprechend gestaltet – völlig genügen. Auch dort können sich Kinder und Erzieher während der Traumzeltzeit vom restlichen Gruppengeschehen abgrenzen, wenn klare Regeln dafür formuliert werden.

Der Gestaltung des Traumraums oder der Traumraumecke sind keine Grenzen gesetzt. Einige Kitas haben die Eltern an der Umgestaltung beteiligt. Väter griffen zum Pinsel und gemeinsam wurden Wände gestrichen, Dekorationsgegenstände und Sessel oder Sofas gespendet. Auch Firmen und Möbelhäuser waren großzügig und stifteten Traumraum-Utensilien.

Was braucht man sonst noch für einen gemütlichen Traumraum?

- Bunte Tücher
- Leuchtsterne, Lichtsäulen oder eine Lavalampe
- Bunte Kissen
- Selbst gemachte Dekorationsgegenstände wie Teppiche, Kissen, Tücher, selbst gemalte Mandalas
- Igelbälle, Tischtennisbälle
- Federn
- Traumfänger
- Musik (CD-Player, Kassettenrekorder)

Dieses Traumzelt als Rückzugsmöglichkeit kann von den pädagogischen Fachkräften oder den Eltern unter Mithilfe der Kinder oder auch von allen gemeinsam gestaltet werden. Es hat sich gezeigt, dass für ein solches Projekt keine separaten Räume oder hohe finanzielle Investitionen nötig sind.

Mutter-Kind-Massage

Mirjam Prüver, Kinderkrippe Marianne-Brandt-Straße, München

Dieser Muttertag soll ein besonderer Tag werden – darin waren sich die Kinder und das Erzieherteam einig. Wir wollen den Müttern eine große Freude machen. Da die Kinder im Projekt „Mein Körper – Bewegung und Entspannung in der Kinderkrippe" eigene Erfahrungen mit dem Thema Entspannung, Massagen und verschiedenen Massagetechniken machten, lag es nahe, nun die Mütter zur „Mutter-Kind-Massage" einzuladen. Wie im ersten Projekt zum Thema Gesundheit stellten wir unser eigenes Massageöl aus Jojobaöl und einigen Tropfen ätherischem Öl, zum Beispiel Lavendelöl, selbst her. Jojobaöl ist am besten geeignet, da es nicht ranzig werden kann.

Der „Mutter-Kind-Massage-Tag" findet nachmittags in der Kinderkrippe statt. Die Kinder sitzen mit einer Betreuerin in einem warmen, abgedunkelten Raum auf Wolldecken in einem Kreis. In der Mitte des Kreises brennen Kerzen. Im Hintergrund läuft leise klassische Musik. Sind alle Mütter eingetroffen, werden sie von einer zweiten Betreuerin in den „Massage-und-Entspannungs-Raum" geführt und dürfen sich zu ihren Kindern setzen.

Die beiden Betreuerinnen bilden ebenfalls ein Paar und begleiten die Mutter-Kind-Massage. Die Mütter legen sich auf die Wolldecke. Zuerst massieren die Kinder mit einem Igelball den Rücken ihrer Mutter. Vom Rücken geht es langsam zu den Armen und wieder über den Rücken, den Po und den Beinen bis zu den Fußsohlen, ganz so, wie die Kinder es im vorhergehenden Projekt selbst erlebt und schön empfunden haben.

Danach dürfen die Kinder entscheiden, was oder wie sie ihre Mütter massieren wollen. Luna möchte ihrer Mutter nur die Ohren massieren. Alle Kinder legen die Igelbälle zur Seite und massieren ihren Müttern die Ohren. Felix möchte seiner Mama mit einem Pinsel die Hände „streicheln". Alle Mütter setzen sich hin und die Betreuerin teilt weiche Pinsel an die Kinder aus.

Sind alle Vorschläge der Kinder aufgegriffen, wechseln die Mütter mit ihren Kindern und massieren nun ihre Kinder am Rücken mit den Igelbällen.

Die Kinder können natürlich hier auch sagen, wie sie weiter massiert werden möchten. Ist die Massagezeit beendet, setzen sich alle Mütter mit ihren Kindern wieder zu einem Kreis zusammen. Nun dürfen die Mamas mit ihrem Kind der Reihe nach erzählen, wie die Massage für sie war, zum Beispiel entspannend, warm, schön usw. Der „gesunde" Nachmittag für Körper und Seele klingt schließlich mit einem Muttertags-Kaffee mit Kuchen aus.

Qigong im Kindergarten mit Paul Pinguin

Elke Opper

Qigong ist eine Meditations-, Konzentrations- und Bewegungsform zur Wahrnehmung von Körper und Geist, die der Traditionellen Chinesischen Medizin entstammt. Qigong wirkt regulativ auf die Bereiche, die häufig getrennt betrachtet werden: auf Körper, Geist und Seele. Qigong ist zudem eine gute Methode, um Kindern eine ausgewogene Balance zwischen Anspannung und Entspannung, Bewegungsaktivität und Ruhe zu vermitteln.

Exemplarisch möchte ich hier über die Anwendung von Qigong in zwei Kindergärten für rund 90 Kinder berichten, die im Rahmen einer Studie stattfand (Motorik-Modul). Die Kinder waren zwischen vier und sechs Jahre alt und übten sechs Wochen lang in Gruppen von maximal 12 Teilnehmern.

In den sechs Qigong-Stunden erleben die Kinder die Geschichte von Paul Pinguin: Paul Pinguin schwimmt mit seinen Freunden im Meer. Nach dem Schwimmen kann er sein schwarzes Mäntelchen, das er zum Schwimmen ausgezogen hatte, nicht mehr finden. Die Kinder nehmen die Grundhaltung, die V-Stellung, ein und suchen überall das Mäntelchen. Sie befragen auch ihre Pinguin-Kollegen. Aber keiner hat das Mäntelchen gesehen. Da geben ihm seine Freunde den Rat, auf die Reise zu gehen, um sich ein Mäntelchen zu kaufen. Die Reise beginnt und Paul watschelt los.

Die Geschichte wird von Einheit zu Einheit durch das Hinzunehmen eines neuen Protagonisten (z. B. der Bär, in der nächsten Stunde der Adler etc.) verlängert und findet ihren Abschluss erst in der sechsten Einheit. Somit erleben die Kinder in jeder Stunde Wiederholungen und Bekanntes, aber es kommt auch immer ein neues Element hinzu, so dass es bis zur letzten Einheit spannend bleibt, was Paul Pinguin erlebt. Dabei erleben die Kinder spielerisch altersgerechte Qigong-Übungen. Sie verwandeln sich in Pinguine, Katzen, Adler, Blumen und andere Wesen aus dem Tier- und Pflanzenreich und aus der Märchenwelt. Die Geschichten enthalten Elemente von Spannung und Entspannung.

Zusammenarbeit mit den Eltern – der Gesundheitsdialog

Gesundheit entsteht im Dialog

Ilka Pfütze

Der Begriff „Gesundheitsdialog“ wurde für die Zusammenarbeit mit den Eltern im peb-Coaching-Projekt bewusst ausgewählt. Betont werden sollte, dass die Zusammenarbeit von einem partnerschaftlichen Denken geprägt sein sollte – eben einem Dialog. Transparenz in der Information, regelmäßiges Einbinden und kontinuierlicher Kontakt sind die Grundlage dafür. Aber auch bewusstes Grenzen setzen gehört dazu – das wurde von vielen Teams am Ende des Projekts rückgemeldet.

Viele Projekt-Kitas machten sehr positive Erfahrungen im Bezug auf den Gesundheitsdialog mit Eltern. Die Rückmeldungen aus den Kitas waren: „Es lohnt sich immer wieder dran zu bleiben; es lohnt sich auch mal neue Wege einzuschlagen und es ist vor allem wichtig, sich als Team erst einmal einig zu werden, bevor man an die Eltern herantritt.“ Durch die gemeinsame Auseinandersetzung im Team, die Reflexion und die Festlegung von Standards, konnten die pädagogischen Fachkräfte im Bereich Gesundheitsförderung selbstbewusster den Eltern gegenüber treten. Denn gerade der Bereich Gesundheit – also Ernährung, Bewegung und Entspannung – wird von vielen Eltern als ein sehr persönlicher Bereich angesehen. Dazu kommt, dass dies ein Bereich ist, der von Gewohnheiten geprägt ist und somit auch lange braucht, um verändert zu werden.

Der Lohn für den intensiven Gesundheitsdialog: Die hohe Transparenz gegenüber Eltern brachte den Teams sehr viel Wertschätzung ein. Regelmäßig erneuerte Plakate zu Gesundheitsthemen, wurden von Eltern sehr positiv wahrgenommen. Indem nicht nur Fotos ausgehängt wurden, sondern auch beschrieben wurde, welche Lernziele und Bildungsziele damit angesprochen wurden, lernten Eltern Gesundheitsförderung unter einem ganz anderen Blickwinkel kennen und erkannten deren Bedeutung. Fotos und Geschichten über Fortschritte, Vorlieben und Abneigungen, die Kinder im Bezug auf Ernährung, Bewegung und Entspannung gemacht haben, die in Lerntagebüchern oder Portfolios beschrieben wurden, hinterließen bei den Eltern einen bleibenden Eindruck. So waren Eltern erstaunt, wenn sie die Rückmeldung bekamen, dass ihr Kind z. B. ein bislang unbeliebtes Gemüse nun isst oder dass ihr Kind selbstständig das Klettergerüst erklettern kann.

Große Resonanz erfuhren vor allem Veranstaltungen bei denen der Dialog zwischen pädagogischen Fachkräften und Eltern bzw. Kindern und Eltern praktiziert wurde und Eltern Dinge praktisch erleben durften. Besonders erfolgreich waren beispielsweise Elternabende, Wellnesstage, Frühstück mit Vätern, Fußballturniere oder internationale Kochtage.

Kita-Teams beobachteten wiederum, dass sich das Verhalten der Kinder und der Eltern durch den Dialog änderte – so führte das Einbeziehen der Eltern in die Zubereitung eines ausgewogenen Frühstückbuffets dazu, dass die Kinder z. T. ein anderes Frühstück mitbrachten. Oder Eltern erlebten an einem Wellnessnachmittag in der Kita selbst, wie schön eine Traumreise oder eine Igelball-Massage sein können und konnten dadurch nachvollziehen, dass dies für ihre Kinder von großer Bedeutung ist. Diese „besonderen“ Elternnachmittage waren auch besonders gut besucht. Statt der sonst üblichen 50 bis 60 Prozent kamen 90 Prozent der Eltern. Sie blieben über den gesamten Nachmittag und fühlten sich sehr wohl in der Kita. So entstanden Gesprächsanlässe und die Chance für intensivere Gespräche zwischen pädagogischen Fachkräften und Eltern.

„Mama, ich mag dieses Brot nicht mehr essen, nur noch Vollkornbrot“, diese überraschende und überaus erfreuliche Rückmeldung erhielt eine Kita nach einigen Tagen über eine Mutter, nachdem die Kita in Absprache mit den Eltern täglich ein gemeinsames Frühstücksbuffet (von der Kita organisiert und mit den Kindern gemeinsam zubereitet) einführte. Die Mutter war sehr erstaunt und positiv überrascht.

Auch andere Kitas begeisterten die Eltern über ihre Kinder. So berichteten Teams, dass Eltern nach den Kita-Entspannungsgeschichten fragten, weil die Kinder sie auch zu Hause machen möchten. Auch Entspannungsgeschichten und kleine Rückenwahrnehmungsspiele zum Nachmachen in Kita-Zeitungen oder Rezepte, die die Kinder in der Kita gekocht haben, stießen auf große Nachfrage bei den Eltern.

Checklisten und Reflexionsfragen

Lassen Sie sich von unseren Checklisten, Reflexionsfragen und gelungenen Praxisbeispielen für die Gestaltung des Dialogs mit Eltern anregen – vom Aufnahmegespräch bis zum Elternbrief. Sie werden sehen: Vieles, wenn nicht alles, ist auch auf andere Themenbereiche übertragbar und wird Ihr tägliches Tun bereichern!

Checkliste Gesundheitsdialog

	Erfüllt	Teilweise erfüllt	Noch nicht erfüllt	Team ist sich nicht einig
Sind die Erwartungen an Beiträge von Eltern im Kita-Team eindeutig und für die ganze Einrichtung geklärt, z. B. energiearme Getränke mitbringen, Zeit für regelmäßige Entwicklungsgespräche, Mitarbeit bei einer Aktion pro Jahr?				
Stellt das Kita-Team bei Erwartungen an Aktivitäten der Eltern eine positive Verbindung zu deren Interessen und Wünschen her, so dass beide Seiten profitieren, z. B. kostengünstige energiearme Getränke, entspanntes Verhältnis zum Kind durch motorische und entspannende Angebote?				

	Erfüllt	Teilweise erfüllt	Noch nicht erfüllt	Team ist sich nicht einig
Verfügt das Kita-Team über ein schriftlich festgehaltenes Konzept (z. B. in einem Teamprotokoll) und über ausgearbeitete Instrumente (z. B. Checklisten für das Aufnahmegespräch) für die Zusammenarbeit mit den Eltern im Bereich Gesundheitsförderung?				
Ist der Zeitaufwand für die aktive Kommunikation mit den Eltern im Kita-Alltag eingeplant?				

Impulsfragen zum Aufnahmegespräch

- Klären Sie im Aufnahmegespräch, welche Interessen und Wünsche die Eltern mit einem gesunden Aufenthalt ihres Kindes in der Kita verbinden und dokumentieren Sie Vorlieben, Abneigungen und ggf. Einschränkungen jedes Kindes aus Sicht der Eltern in den Bereichen Ernährung, Bewegung und Entspannung?
- Informieren Sie im Aufnahmegespräch und in der Eingewöhnungsphase die Eltern persönlich über das Konzept und die konkrete Praxis der Kita zur Gesundheitsförderung (mündlich und schriftlich)?
- Werden im Aufnahmegespräch und in der Eingewöhnungsphase Ähnlichkeiten und Unterschiede der Familienpraxis zur Kita-Praxis in den Bereichen Ernährung, Bewegung und Entspannung geklärt und die Vereinbarkeit eventueller Unterschiede besprochen (z. B. Familienrhythmus und Kita-Rhythmus, Zusammensetzung der Ernährung, Genießen von Süßigkeiten, Bewegungsarten mit Schwitzen, Bewegung im Freien/bei jedem Wetter, gezielte Ruhepausen)?
- Erfragen Sie im Aufnahmegespräch die Möglichkeiten der Eltern zur Zusammenarbeit und halten Sie diese fest (z. B. wie viel Zeit kann ein Elternteil im Monat/im halben Jahr für den Kontakt mit der Kita nach eigener Einschätzung einsetzen, welche Kompetenzen/Kontakte der Eltern können für die Gesundheitsarbeit der Kita nützlich sein?)?
- Werden im Aufnahmegespräch und in der Eingewöhnungsphase Möglichkeiten und Grenzen der Anpassung der Kita an Besonderheiten

einzelner Kinder und unterschiedlicher kultureller Traditionen möglichst anschaulich erläutert?

- Vereinbaren und dokumentieren Sie gemeinsam mit den Eltern im Aufnahmegespräch und in den (mindestens jährlichen) Entwicklungsgesprächen Ziele für das Kind in den Bereichen Ernährung, Bewegung und Entspannung und überprüfen Sie diese regelmäßig (z. B. das Erlernen bestimmter körperlicher Fertigkeiten oder der maß- und genussvolle Umgang mit Süßigkeiten)?

Checkliste Kommunikation mit Eltern und Beteiligung in der Kita

	Erfüllt	Teilweise erfüllt	Noch nicht erfüllt	Team ist sich nicht einig
Kennen die für ein Kind verantwortlichen pädagogischen Fachkräfte und die Eltern des Kindes sich persönlich und wissen, wie sie wechselseitig einfach Kontakt aufnehmen können?				
Gewährleistet das Kita-Team die Kontinuität und Qualität im Elterndialog auch bei Wechsel der für das Kind zuständigen Person im Team?				
Werden in der Eingewöhnungsphase und in den Bring- und Abholsituationen Gesundheitsangebote anschaulich gezeigt und die Eltern aktiv einbezogen (z. B. energiearme Getränke, Bewegungsparcours, Kita-Rezepte, Bewegungslieder, Entspannungshöhle)?				
Finden mehrfach im Jahr Aktivitäten statt, aus denen Eltern für sich selbst konkreten Nutzen ziehen, z. B. Infoveranstaltungen, Kochnachmittage, Entspannungsangebote, Ausflüge?				
Wird den Eltern regelmäßig angeboten, sich an Aktivitäten in der Kita zu beteiligen, z. B. Essensplanung, Einkaufen und Kochen, Konzeption und Gestaltung von Bewegungsräumen, Ausflüge, Hospitation im Kita-Alltag?				

	Erfüllt	Teilweise erfüllt	Noch nicht erfüllt	Team ist sich nicht einig
Werden die Eltern über das aktuelle Bildungsangebot der Kita im Bereich Gesundheit durch Aushänge, Fotodokumentationen und Materialien zum Mitnehmen fortlaufend informiert?				
Liegen in der Kita Informationen zu Sportvereinen, Beratungsstellen etc. zum Mitnehmen aus, deren Angebote zum Gesundheitsförderungskonzept der Kita passen?				
Bespricht das Kita-Team regelmäßig mit dem Elternbeirat, wie am besten mit allen Eltern über die konkrete Arbeit der Kita kommuniziert werden kann und wie konkrete Wünsche der Kita an Eltern diesen am besten vermittelt werden können?				
Sind im Rahmen von jährlichen Elternbefragungen auch Fragen zum Bildungsbereich Gesundheit, insbesondere zu den Aspekten Ernährung, Bewegung und Entspannung, vorgesehen?				

Umsetzungsbeispiele aus der Praxis

Kaffeeklatsch auf Ho-Witt'sche Art

Heike Böhme und Mandy Hennig, Hort GS Wittekind, Halle/Saale

Das peb-Coaching-Projekt wirkte im Hort Wittekind, Eigenbetrieb Kindertagesstätten Halle an der Saale, sogar auf unseren traditionellen „Kaffeeklatsch" mit den Eltern. Zum Muttertag im Mai stellten wir unser Zusammentreffen ganz ins Zeichen der Entspannung und der gesunden Ernährung. Mit Massagen, Masken, Meditation und selbst gebackenen Köstlichkeiten wurden nicht nur die Mütter zum Muttertag, sondern auch Kinder, Papas und Mitarbeiter mit Angeboten verwöhnt.

Schon in der Vorbereitungsphase waren die Kinder mit unglaublichem Enthusiasmus dabei. Für die kulinarischen Angebote wählten sie Zutaten, berechneten die Mengen, schrieben Einkaufszettel und sprachen sich ab, wer mit wem welches Rezept verwirklicht.

Auch der Einfallsreichtum der Kinder beim Erfinden von Gesichtsmasken war bemerkenswert – der Kräutergarten wurde reichlich geplündert. In der Schreibwerkstatt „qualmten" die Federn – schön gestaltete Speisekarten durften schließlich nicht fehlen.

Um einen reibungslosen Ablauf zu garantieren, trugen sich die Mädchen und Jungen in Listen ein:

- Wer backt wann?
- Wer massiert wann?
- Wer bedient wann?
- Wer wäscht wann ab?

Am entscheidenden Tag hatten die Kinder, aufgrund ihrer guten Vorbereitung, alle Angebotsstationen „fest im Griff". Nur die Meditationsrunde blieb in den Händen unserer Entspannungsfachfrau. Auch wenn sich die Eltern diese Art von Kaffeeklatsch öfter wünschen würden, soll auch in Zukunft das besondere Verwöhnangebot dem Muttertag vorbehalten bleiben.

Elterndialog ganz speziell: Vater-Kind-Fußball

Christoph Büchner, Kindermann-Stiftung, Bielefeld

Der Elterndialog und ganz speziell der Kontakt zu den Vätern unserer Einrichtung der Kindermann-Stiftung liegt unserem Team seit dem Ausbau unserer sechsgruppigen Kita zum Familienzentrum besonders am Herzen. Das peb-Projekt gab zusätzliche Impulse zur Gesundheitsförderung. Seit rund zweieinhalb Jahren nehmen die Väter mit mir als männlichem Erzieher an unterschiedlichen Aktionen und Unternehmungen teil. Warum spielen wir nicht gemeinsam Fußball? Während eines gemütlichen Beisammenseins in dieser Runde stand diese Idee plötzlich im Raum.

Daraus wurde ein Vater-Kind-Fußballtreffen einmal pro Woche auf einer Wiese innerhalb einer Parkanlage. Die Wiese liegt ruhig und verkehrsgünstig und kann auch mit öffentlichen Verkehrsmitteln gut erreicht werden.

Ganz bewusst suchten wir uns die Zeit aus; Von 17.30 bis 19.00 Uhr erscheint uns ideal, weil die Väter anschließend die Kinder in Ruhe ins Bett bringen können. Gemeinsam wird nun „gebolzt". Die Pausen und das Spielende nutzen alle zum regen Austausch. Verabredungen werden getroffen und auch so manches Problem, wie z. B. Abendrituale mit dem Kind, „ganz nebenbei" besprochen.

Mit der Zeit meldeten auch einige Mütter in unserer Kita Interesse am Fußball-Spiel an. Sie kommen seit einiger Zeit zu unseren regelmäßigen Treffen dazu. Von den Vätern werden sie voll akzeptiert, weil sie aktiv mitspielen und nicht nur auf der Parkbank sitzen. Bei sicherer Wetterlage wird auch schon mal ein gemeinsames Picknick in Buffetform organisiert.

Nach einer Winterpause geht es immer wieder los und phasenweise sind 15 Väter mit ihren Kindern beim Fußballtreff. Die Anerkennung der Ehepartner ist hoch, da Väter und Kinder gemeinsam etwas Schönes unternehmen, das den Kindern und Vätern viel Spaß macht und die Mütter entlastet.

Strukturen und Teamentwicklung

Umsetzungsbeispiele aus der Praxis

Barfußpfad und Kochen mit Kindern

Kiga-Team St. Josef, München-Feldmoching

Der Kindergarten St. Josef in Feldmoching setzte sich während des peb-Coaching-Prozesses vor allem zwei Schwerpunkte: die Anlage eines Barfußpfades und das Kochen mit Kindern.

Die Idee für unseren Barfußpfad kam uns während einer Teamkonferenz. Bei der Umsetzung wurden wir von den Eltern tatkräftig unterstützt. Den geschlängelten Pfad hoben Eltern, Erzieher und Kinder gemeinsam an nur einem Nachmittag aus. Kleine Holzpflöcke wurden als Wegbegrenzung angebracht, Holzbalken trennen die einzelnen Felder voneinander ab. Damit das Regenwasser ablaufen konnte, wurde der Untergrund mit einer Kieselschicht belegt und der Pfad abwechselnd mit weichen und harten Materialien bestückt. Isarkiesel wechseln mit Sägespänen, Rinde mit Moos, Stöcke mit Schafwolle. Fertig war unser „Zauberpfad". Alle Kinder bestaunten den Pfad nach der Fertigstellung und wollten ihn auch gleich ausprobieren. Jeder wollte der erste sein – Schuhe ausziehen, Regeln besprechen und los ging's.

Alles Neue muss auch pädagogisch gut eingeführt werden. Unsere Regeln lauten: Der Barfußpfad ist eine Ruhezone und befindet sich deshalb auch abseits vom großen Freigelände. Deshalb müssen die Kinder immer vorab bei den Erzieherinnen Bescheid geben, wenn sie zum Barfußpfad gehen. Der Pfad hat einen Eingang und einen Ausgang, das heißt die Kinder sollten nur in einer Richtung gehen. Um die unterschiedlichen Fühlmaterialien bewusst wahrzunehmen, fordern wir die Kinder auf, immer nur einzeln von Feld zu Feld zu gehen. Die Kinder sind begeistert und probieren immer wieder wie es sich anfühlt, über unseren Zauberpfad zu gehen.

Zum Thema Ernährung haben wir unseren Müslitag in einen Kochtag verwandelt. Wir kochen passend zur Jahreszeit mit den Kindern. Im Herbst gibt es zum Beispiel Kürbissuppe. Die Kinder sind bei jedem Schritt dabei.

Wir starten mit Betasten und Beschnuppern der Kürbisse und schneiden sie dann in viele kleine Stücke. Alle Zutaten werden zusammen in großen Kesseln gekocht und gerührt – so als würde Miraculix einen Zaubertrank herstellen. Die harten Kürbisstücke werden weich und können am Ende mit dem Zauberstab püriert werden. Verfeinert wird mit Gewürzen und Sahne und schließlich zieht ein leckerer Duft durch den ganzen Kindergarten. Tisch decken und dekorieren ist Ehrensache, damit es uns gut schmeckt. Nach einem Tischgebet kosten alle und viele Kinder holen sich noch einmal Nachschlag. Beim Abholen nach dem Mittagessen fragen die Eltern oft: „Hat mein Kind das auch gegessen?“ Tja, einen selbstgekochten Zaubertrank will sich keiner entgehen lassen.

Aus dieser Erfahrung heraus können wir weitergeben, dass manches Kind in der Gemeinschaft der Kindergartengruppe eher bereit ist Unbekanntes zu probieren. Mit Begeisterung bereiten wir immer wieder mit den Kindern Gemüseauflauf, Pellkartoffeln mit Kräuterquark und Apfelauflauf zu. Für die Zukunft planen wir, die Herkunft und Entstehung der Lebensmittel mit den Kindern zu erforschen und erfahren. Unsere ländliche Umgebung hat vieles zu bieten. Wir freuen uns schon darauf.

Portfolio: Schau mal, was ich schon kann …

Heike Beckel, Evang. Kita Babenhausen

Wie können wir unseren Kita-Kindern im Alltag genug Wertschätzung entgegenbringen? Wie machen wir Kindern selbst Erlerntes bewusst und anschaulich? Welche Kompetenzen nimmt ein Kind bei sich selbst wahr? Diese Fragen waren vor rund zwei Jahren für uns – die pädagogischen Fachkräfte der Evangelischen Kita Babenhausen, Kirchenkreis Bielefeld –

der Einstieg in die Portfolio-Arbeit. Es ist uns ein Anliegen, die Eigenmotivation zum Lernen und die Lernbegeisterung der Kinder zu erhalten und weiterzuentwickeln.

Inhaltlich und vom Nutzen der Portfolios waren alle Mitarbeiter überzeugt, aber schon wieder etwas Neues, so viel Aufwand, bringt das alles etwas?

Ich selbst war sehr überzeugt vom Sinn der Portfolioarbeit, ich hatte aber auch absolutes Verständnis für Bedenken wie „noch mehr Arbeit“, „... und das alles in weniger Zeit“. Wir sind zunächst in einer lockeren Art und Weise eingestiegen. Die Aufgabe war: ausprobieren! Alle Gruppen starteten gleichzeitig. Absprachen wurden festgelegt, wie z. B. „Wer sich ein Portfolio anschauen möchte, muss die Kinder fragen“.

Die Kinder sind begeistert und stolz auf ihre Mappen. Häufig beobachten wir kleine Grüppchen, die sich gegenseitig von ihren Leistungen erzählen. Ältere Kinder arbeiten häufig sehr selbstständig an ihrem Portfolio, die Jüngeren benötigen natürlich mehr Begleitung, das heißt, die pädagogischen Fachkräfte machen bei ihnen die Hauptarbeit in Form von Fotodokumentationen.

Den Kindern wird ihre eigene Entwicklung bewusst. Dinge, die sie vor vielleicht einem Jahr nicht konnten, schaffen sie nun. Sie sehen wie sie sich verändern und was sie brauchen, um ein „Lernziel“ zu erreichen. Sie erleben sich selbst als handlungsfähig und lernen Zuversicht und Vertrauen in ihre eigenen Fähigkeiten zu setzen. Begeisterung und Freude überwiegt auch auf Seiten der Erzieher. Bei manchen wird der „Arbeitsfrust“ inzwischen von „Arbeitslust“ abgelöst.

Auch die Bereiche Ernährung, Bewegung und Entspannung haben wir im peb-Coaching-Projekt in unsere Portfolio-Arbeit mit einbezogen. Es ist wichtig, dass Kinder wissen, was Körper und Seele benötigen, um gesund und ausgeglichen zu sein. Beispielsweise wird eingetragen: „Was ich gerne esse“ „Was mag ich nicht so gerne?“ „Was ist gesund?“ „Wovon ich viel essen sollte ...“.

Trotz einiger Jahre Erfahrung ist unsere Portfolio-Arbeit noch am Anfang und bedarf noch des Ausbaus. Wir würden gerne noch intensiver mit den

Kindern an den Portfolios arbeiten – denn das ist Bildungsarbeit im besten Sinne! Dafür müssen im Gesetz zur frühen Bildung und Förderung von Kindern (KiBiz) mehr Ressourcen geschaffen werden. Auch bei uns ist vieles nur möglich, weil wir mittlerweile eine große Einrichtung sind und mit unseren Personalstunden ein wenig jonglieren können.

Rahmenplan

Team der Kinderkrippe Regenbogenmäuse, Augsburg

Unser Team erstellt alle sechs bis acht Wochen einen neuen Rahmenplan. Wir orientieren uns an kindgerechten Themen für unsere Krippen-Kinder, also alles, was in ihrem Alltag vorkommt und mit allen Sinnen erfahren werden kann. Wir sind der Meinung, dass weniger meistens mehr ist und intensiver und allumfassender begreifbar gemacht werden kann. So hatten wir im Sommer über mehrere Wochen das Thema „Steine", ein anderes Mal „Schnecken" oder dieses Jahr „Wasser". Die Bildungsbereiche werden immer abgedeckt. In Tabelle 3.1 zeigen wir unseren Rahmenplan des Monats Juni.

Bilderbücher	• Sachbücher über Obst und Gemüse • Sachbücher über Bäckerei
Lieder/Kreisspiele	• Wir essen gerne Äpfel • Knister, knaster Knäckebrot • Selbst Töne, Musik machen • Dornröschen … (für Sommerfest)
Wahrnehmungsspiele	• Die Kinder lernen verschiedene Obst- und Gemüsesorten kennen und zu unterscheiden (wie sehen sie aus, wie schmecken sie?). • Wie schmecken Kräuter? Ansäen von Petersilie, Schnittlauch, Zitronenmelisse auf dem Balkon

Bewegungsspiele	• Wir gehen viel an die frische Luft (Spaziergang, Spielplatz, Park, Garten vom Regenbogenhaus). • Wir spielen mit Sand, Sand und Wasser, rutschen, schaukeln, balancieren, rennen, spielen mit Autos, Bällen, Stöcken. • Im Zimmer: Bällebad, Ziehen mit Tüchern, Turnen mit Säckchen
Entspannungsübungen	• Verkleiden mit Hüten und Tüchern • Körpermassagen und Stilleübungen • Wir hören das eigene Herz, wir basteln Massagebälle, Klänge auf Rücken ertönen lassen.
Malen und Gestalten	• Erfahrungen mit verschiedenen Materialien und Farben sammeln. • Selbst Essen zubereiten: Die Kinder helfen den Obstteller für die Brotzeit vorzubereiten (waschen, schälen, schneiden, anrichten). • Wir machen selbst Haferflocken (Quetschen). • Wir machen selbst Apfelschlangen.
Hilfe zur Selbstständigkeit	• Wir geben den Kindern Hilfestellung zum selbstständigen Anziehen, Zähneputzen und Zur-Toilette-Gehen, ihrem Alter entsprechend.

Tab. 3.1: Rahmenplan des Monats Juni

Coachingbrief

Team der Kinderkrippe Regenbogenmäuse, Augsburg

Liebe Frau Pfütze,

gerne will ich Ihnen von den vielfältigen Veränderungen in der Kinderkrippe Regenbogenmäuse durch das peb Coaching-Projekt „Gesunde Kitas – starke Kinder“ berichten.

Unsere Aktivitäten im Themenbereich **Ernährung** hatten teilweise schon zuvor begonnen. Beispielsweise hatten wir schon vor dem Start des Projektes einen täglichen Obstteller. Jede Gruppe bereitet mit zwei Krippenkindern in der Küche zwei kleine Obstteller vor. Das heißt gemeinsam Obst waschen, schneiden und auf Teller anrichten und natürlich das Obst kennen lernen und probieren. Die Eltern sind sehr einfallsreich und es gibt die unterschiedlichsten Obstsorten. Alle Eltern tragen sich dazu in Listen ein. Das Obst wird auf den Brotzeittisch gestellt und jedes Kind darf sich nehmen. Wir achten darauf, dass jedes Kind sich davon nimmt und auch einmal eine unbekanntes Obstsorte probiert.

Durch das Coachingprojekt führten wir einen regelmäßigen **Einkaufsgang** auf den Markt ein. Bei uns ist jeden Freitag Markt auf dem Rathausplatz und wir gehen mit je einer Erzieherin und zwei Kindern aus den Gruppen auf den Markt und kaufen fehlendes Obst und Gemüse für die Krippe. Die Kinder sollen sehen, was es auf dem Markt zu kaufen gibt. Sie dürfen es selbst aussuchen, einpacken und bezahlen. Meistens bekommen sie noch Karotten gratis zum Gleich-Essen.

Die Kinder der Krippe Regenbogenmäuse können zu jeder Mahlzeit **Rohkost** essen. Das Mittagessen wird nun schon in der Küche kleinkindgerecht geschnitten. Gläser stehen jetzt für alle Kinder ab einem Jahr zur Verfügung und neues Kinderbesteck (Messer und Gabel oder Gabel und Löffel) wurde angeschafft. Auf religiöse Gewohnheiten oder Allergien nimmt der Speiseplan ebenso Rücksicht wie auf die Lieblingsgerichte der Kinder. Die Eltern schreiben uns die **Lieblingsrezepte** ihrer Kinder auf. Auf dem Speiseplan gibt es einen Hinweis darauf, wenn ein Lieblingsgericht gekocht wurde, z. B. „Lieblingsrezept von Hannah".

Seit neuestem haben wir auch in den Gruppen für die Kinder einen **Kinderspeiseplan**. Am Ende des Stuhlkreises erklären wir jeden Tag den Kindern, was es zum Essen gibt. Mit Bildkarten dürfen die Kinder das Wasser- bzw. Apfelsaftglas, das Bild von der fertigen Speise oder vom Gemüse und ein Bild von der Nachspeise auf einen aufgemalten großen Teller mit Besteck, einen kleinen Teller für die Nachspeise und ein Glas kleben. Die Bilder sind teilweise selbst fotografiert.

Außerdem haben wir zwei **Wassertage** eingeführt: Dienstag und Donnerstag. An diesen Tag schenken wir nur Wasser aus. Diese Anregung kam von den Eltern. Wir kaufen kein stilles Wasser mehr, sondern benutzen Leitungswasser – nach Rücksprache mit dem Gesundheitsamt und Wasserwerk. Dazu haben wir kleine Glaskannen und Gläser angeschafft und lehren die Kinder so bald wie möglich das Einschenken.

Wir haben jetzt eine neue **Entspannungsecke**. Die Polster und zwei Kinderkörbchen für die Einrichtung bekamen wir gespendet.

In jedem Rahmenplan wird die Entspannung ein- und ausgebaut. Zur Entspannung zählen „stille Übungen“, aber auch freies Malen mit Farben, Rasierschaum oder anderen Materialien, Musik, Tanzen, Verkleiden, Vorlesen, Kniereiterspiele… Die Entspannungsübungen finden einzeln, in Kleingruppen oder in der ganzen Gruppe statt. Die Kinder lieben diese Übungen und übertragen sie schon selbstständig in ihr Freispiel.

Die Pausen der Erzieherinnen bekamen einen höheren Stellenwert und werden vom ganzen Team geschätzt. Tägliches **Bewegen** im Freien wird bewusster als früher durchgeführt. Die Kinder werden zum Laufen, Springen, Klettern, Schaukeln, Rutschen, Balancieren usw. animiert. Immer wieder bauen wir Bewegungsbaustellen in der Krippe auf und führen täglich Kreis- und Bewegungsspiele durch. Neue Anschaffungen sind ein Rollbrett und eine Ballkiste.

Der **Gesundheitsdialog mit den Eltern** ist uns wichtig. Dafür erstellten wir einen neuen Anamnesebogen für neue Kinder. Den Anamnesebogen bekommen die Eltern beim Aufnahmegespräch mit (drei bis vier Monate vor dem Eintritt) und bringen ihn am ersten Tag zur Eingewöhnung mit in die Gruppe. Dort steht, was beim Umgang mit dem Kind am Anfang wichtig ist (Gewohnheiten beim Essen, Schlafen usw.). Auch die Wünsche und eventuell Sorgen der Eltern mit Eintritt in die Kita sind genannt. Hat das

Kind Allergien? Traten bei der Geburt/Schwangerschaft Probleme auf? Die Bezugserzieherin spricht den Bogen mit den Eltern bei der Eingewöhnung an, ergänzt eventuell und jede Erzieherin ist ab dem ersten Tag auf den gleichen Infostand.

In der neu erarbeiteten Konzeption haben wir die Bereiche Ernährung, Bewegung und Entspannung aufgegriffen. Plakate zu diesen Themen für die Eltern wurden aufgehängt und entsprechende Elternabende gestaltet. Auch einen Elternabend zum Thema Kleinkind im Verkehr, also im Spiel, im Auto, auf der Straße mit Fachleuten des ADAC haben wir durchgeführt.

Viele Grüße,

Elfi Gerhard und das Team der Kinderkrippe Regenbogenmäuse

Wenn Jakobus und Johannes voneinander lernen ...

Karin Orth-Hesener, Kita Jakobus, Bielefeld

Warum für sich alleine lernen, wenn auch andere profitieren können? Die städtische Kita Jakobus profitierte nicht nur vom peb-Coaching-Projekt mit vielfältigen Denkanstößen und gezielten Gesprächs- und Arbeitsmethoden, sondern hatte zusätzlich die Möglichkeit, andere interessierte Kitas am Coaching-Prozess und an den Ergebnissen teilhaben zu lassen. Von dieser Hospitation will ich hier berichten.

In unserer Region konnten nicht alle Kitas, die sich für eine Bestandsaufnahme und Qualitätssicherung in den Bereichen „Ernährung, Bewegung, Entspannung" interessierten, am peb-Coaching teilnehmen. Schon in der Auftaktveranstaltung entschlossen wir uns, eine Kita an unseren Entwicklungen und Prozessen teilhaben zu lassen. Wir suchten uns also eine „Partner-Kita" aus einer anderen Stadt. Ausschlaggebend waren: Gruppenstruktur, Kinderzahlen und Personalkontingent. Wir fanden eine Kita, die mit unserer vergleichbar war, jedoch von einem anderen Träger außerhalb unser Stadt geführt wird – kurz gesagt: „Jakobus fand Johannes"! Diese Tatsache erhöhte die gemeinsame Spannung und gegenseitige Aufmerksamkeit. Feste Hospitationstage wurden für die gesamte peb-Projektzeit vereinbart. Zwei Mitarbeiterinnen (Leitung und rotierende Fachkraft) unserer hospitierenden Kita besuchten uns im laufenden Kita-Alltag und nahmen zusätzlich an den „peb-Coach-Dienstbesprechungen" teil. So erhielten sie Einblicke in unsere Arbeit, konnten Eindrücke sammeln, uns und ihrem Team fachliche Reflexion geben. Zwei außenstehende Fachfrauen, die peb-Coaches, belebten den Prozess zusätzlich.

In unserem Fall hat sich der Austausch besonders intensiv entwickelt, städte- und trägerübergreifend, offen und zielorientiert konnten wir Gemeinsamkeiten, aber auch Unterschiede sachlich abwägen und neu in unserer Konzeption verankern. Förderlich und Mut-machend für beide Teams war sicherlich eine starke Steuerung und gewünschte Offenheit durch beide Kita-Leitungen. Mitarbeiter beider Einrichtungen setzten sich vertieft mit den zu überprüfenden Inhalten auseinander, profitierten von Vergleichen oder Abweichungen der Prozessentwicklung und verbesserten Qualitätsstandards.

Die Hospitationstage in der Kita Jakobus waren sehr dynamisch und immer von gegenseitiger Neugier geprägt. Der peb-Coaching-Prozess war von Beginn an so angelegt, dass Mitarbeiter aus meinem Team, die alle Prozesstage mit unserem Coach erlebt hatten, den peb-Prozess in der Hospitations-Kita durchführen konnten. Dies stieß bei meinen Kolleginnen auf großes Interesse. Wir waren stolz auf unsere Arbeit, fühlten Sicherheit und erlebten Fortschritte in der täglichen Arbeit. Leider wechselte während dieser Projektlaufzeit (Bestandsaufnahme mit allen Mitarbeitern) in unserer Hospitations-Kita die Kita-Leitung, was zu einer Beendigung der Zusammenarbeit führte. Dies zeigte mir, aber auch meinem Team, sehr deutlich, dass Kita-Leitungen wichtige Schrittmacher – vielleicht sogar Motoren – in neuen Entwicklungsgängen sind. Begonnene Prozesse, Ziele des Teams sowie der Leitung sollten gemeinsam abgewogen und bestimmt werden. Unsere Kita konnte trotz dieser Enttäuschung einen spannenden und lebendigen Austausch führen.

Wir legen diesen gemeinsamen Diskurs anderen Kitas sehr ans Herz. Bei der Möglichkeit eines städte- und trägerübergreifenden Austausches kommt es zu besonders interessanten Einblicken, da hier andere Rahmenbedingungen und Alltagsabläufe vorhanden sind. Versuchen Sie es und sammeln Sie viele hilfreiche und bleibende Eindrücke.

Reflexionsfragen

Strukturierende Fragen zur Planung von Veranstaltungen oder Projekten

- Welche Erwartungen haben wir, welche Ergebnisse sollen erreicht werden?
- Aufgaben und Verantwortung – wer übernimmt was?
- Was soll bis wann erreicht werden (Meilensteine)?
- Wie strukturieren wir unsere Besprechungen und unsere Projekte?
- Wie dokumentieren und messen wir die Ergebnisse?

Impulsfragen für das Team

- Wie zuverlässig sind wir bei internen Besprechungen und Projekten?
- Wie zufrieden sind wir mit unseren internen Besprechungen und Abläufen? Was sollte ggf. verändert werden und welche individuellen Veränderungen würde dies nach sich ziehen?
- Wer spielt welche Rolle im Team, wie sind die Verantwortlichkeiten und Aufgaben aufgeteilt?
- Sind in den täglichen Abläufen auch die Bedürfnisse der einzelnen Team-Mitglieder ausreichend berücksichtigt (z. B. Ruhepausen)?

Literatur

Anders, W., Weddemar, S. (2002): Häute scho(e)n berührt? – Körperkontakt in Entwicklung und Erziehung. 2. Aufl. Borgmann, Dortmund

Antonovsky, A. (1997): Salutogenese: Zur Entmystifizierung der Gesundheit. DGVT, Tübingen

Auhagen, A. E. (Hrsg.) (2008): Positive Psychologie. Anleitung zum „besseren“ Leben. Weinheim, Beltz PVU

Bayerisches Staatsministerium für Arbeit und Sozialordnung, Familie und Frauen und Staatsinstitut für Frühpädagogik (Hrsg.) (2007): Der Bayerische Bildungs- und Erziehungsplan für Kinder in Tageseinrichtungen bis zur Einschulung (2., aktualisierte u. erweiterte Aufl.). Cornelsen Scriptor, Berlin. Als nicht ausdruckbare PDF-Datei einsehbar unter http://www.ifp.bayern.de/projekte/laufende/bildungsplan.html (25.11.2010)

Bernitzke, F., Schlegel, P. (2004): Das Handbuch der Elternarbeit. Bildungsverlag Eins, Troisdorf

Botzet, M., Frank, H. (1998): Arbeit und Gesundheit von Mitarbeiterinnen in Kindertageseinrichtungen. Regionalfallstudie in saarländischen Kindertageseinrichtungen. Landesgemeinschaft für Gesundheitsförderung Saarland e.V., Saarbrücken

Bös, K., Worth, A., Opper, E., Oberger, J., Romahn, N.; Wagner, M., Jekauc, D., Mess, F., Woll, A. (2009): Motorik-Modul. Eine Studie zur motorischen Leistungsfähigkeit und körperlich-sportlichen Aktivität von Kindern und Jugendlichen in Deutschland. Abschlussbericht zum Forschungsprojekt. Nomos Verlag, Baden-Baden

Bundesministerium für Gesundheit (Hrsg.) (2010): Nationales Gesundheitsziel – Gesund aufwachsen: Lebenskompetenz, Bewegung, Ernährung. Berlin

Dordel, S. (2000): Kindheit heute: Veränderte Lebensbedingungen = reduzierte motorische Leistungsfähigkeit? Sportunterricht 49 (11), 341–349

Dordel, S., Kunz, T. (2005): Bewegung und Kinderunfälle – Chancen motorischer Förderung zur Prävention von Kinderunfällen. Bundesverband der Unfallkassen, München

Dornes, M. (2000): Der kompetente Säugling. Fischer, Frankfurt/M.

Düngenheim, M. (2007): Gesunde Kitas – starke Kinder, Ganzheitliche Gesundheits- und Bildungsförderung in Kitas – Einführung und Arbeitshilfe für pädagogische Fachkräfte, Download im Internet: http://www.ernaehrung-und-bewegung.de/164/

Flothkötter, M. (2008): Workshop: Frühstück in der Kita – was wird aus dem Familienfrühstück?, Vortrag bei Netzwerkkonferenz Kitas und Eltern – Partner für einen gesunden Lebensstil der Kinder, Download im Internet: http://www.ernaehrung-und-bewegung.de/28/

Frederickson, B. (2009): Positivity. Groundbreaking Research to Release Your Inner Optimist and Thrive. Oxford, Oneworld Publications

Furman, B. (2005): Ich schaffs! Spielerisch und praktisch Lösungen mit Kindern finden – Das 15-Schritte-Programm für Eltern, Erzieher und Therapeuten. Carl Auer, Heidelberg

Gaschler, P.(1999, 2000, 2001): Motorik von Kindern und Jugendlichen heute, Teile 1, 2, 3. Haltung und Bewegung 19, 5–19; 20, 5–16; 21, 5–17

Gopnik, A., Kuhl, P., Meltzoff, A. (2007): Forschergeist in Windeln. Wie Ihr Kind die Welt begreift. 7. Aufl. Piper, München

Grünewald-Funk, D. (2007): Ernährungsempfehlungen für Kinder. In: Esspedition Kindergarten – Ernährungserziehung für die Praxis, Ministerium Ländlicher Raum Baden-Württemberg, aid infodienst, Bonn

Grünewald-Funk, D. (2010): Das beste Essen für Kinder. 3. Aufl. aid infodienst, Bonn

Hammerbacher, R. (2008): Reader zur Netzwerktagung – Kitas und Eltern, Partner für einen gesunden Lebensstil der Kinder, Download im Internet: http://www.ernaehrung-und-bewegung.de/28/(25.11.2010)

Hannaford, C. (2004): Bewegung, das Tor zum Lernen. VAK, Kirchzarten

Hansen, R., Knauer, R., Friedrich, B. (2004): Die Kinderstube der Demokratie. Partizipation in Kindertagesstätten. Ministerium für Justiz, Frauen, Jugend und Familie des Landes Schleswig-Holstein (Hrsg.). Bezug: dkhw@dkhw.de – mehr Information unter www.partizipation-und-bildung.de

Hillebrand, M., Königswieser, R., Sonuç, E. (Hrsg.) (2006): Essenzen der systemischen Organisationsberatung. Carl Auer, Heidelberg

Hippold, M. (2010): Yoga für die Kleinen – Kind, entspann dich! Spiegel-Online vom 28.09.2010.: http://www.spiegel.de/panorama/gesellschaft/0,1518,719456,00.html (Zugriff am 14.10.2010)

Hirschhausen, E.V. (2010): Wer zuerst lacht, währt am längsten. Stern – Gesund leben 3

Hölling, H., Erhart, M, Ravens-Sieberer, U., Schlack, R. (2010): Verhaltensauffälligkeiten bei Kindern und Jugendlichen. Erste Ergebnisse aus dem Kinder- und Jugendgesundheitssurvey (KiGGS) 2007. http://www.kiggs.de/experten/downloads/Basispublikation/Hoelling_Verhaltensauffaelligkeiten.pdf (14.10.2010)

Kiphard, E.-J. (1989): Psychomotorik in Praxis und Theorie. Flöttmann, Gütersloh

König, A. (2010): Interaktion als didaktisches Prinzip. Bildungsprozesse bewusst begleiten und gestalten. Bildungsverlag eins, Troisdorf

Kohring, P. (2010): Gesundes Aufwachsen in der Kindertagesbetreuung. Sozialreferat Landeshauptstadt München http://www.muenchen.de/cms/prod1/mde/

_de/rubriken/Rathaus/85_soz/06_jugendamt/50_eltern/30_kindertagesbetreuung/60_downloads/kinderkrippen/gesundheit.pdf (25.11.2010)

Kurth, B. M., Schaffrath-Rosario, A. (2007): Die Verbreitung von Übergewicht und Adipositas bei Kindern und Jugendlichen in Deutschland. Ergebnisse des bundesweiten Kinder- und Jugendgesundheitssurveys (KiGGS). Bundesgesundheitsblatt – Gesundheitsforschung – Gesundheitsschutz 50, 736–743

Landeshauptstadt München (2008): Die pädagogische Rahmenkonzeption für Kinderkrippen der Landeshauptstadt München, Sozialreferat Landeshauptstadt München http://www.muenchen.de/cms/prod2/mde/_de/rubriken/Rathaus/85_soz/06_jugendamt/50_eltern/30_kindertagesbetreuung/60_downloads/kinderkrippen/rahmenkonzeption_kinderkrippen.pdf (25.11.2010)

Lasson, A., Ulbrich, C., Tietze, W. (2009): Evaluierung des Pilotprojektes Gesunde Kitas – starke Kinder – Abschlussbericht, Download im Internet: http://www.ernaehrung-und-bewegung.de/303/

Liebisch, R., Quante, S. (2002): Was Kinder gesund macht! Psychomotorik und Salutogenese. In: Schönrade, S., Beins, H.J., Lensing-Conrady, R. (Hrsg.) (2002): Kindheit ans Netz? Was Psychomotorik in einer Informationsgesellschaft leisten kann. borgmann, Dortmund, 57–86

Lohaus, A., Klein-Heßling, J. (2002): Zur Evaluation von Stressbewältigungs- und Entspannungstrainings für Kinder im Grundschulalter. Symposium der Techniker Krankenkasse zum Thema „Kinder im Stress" am 18.04.2002 in Hamburg (schriftliche Fassung des Vortrags)

Piaget, J. (1991): Die Psychologie des Kindes. Klett-Cotta, München

Prognos AG, Infratest Burke Sozialforschung (1998): Delphi-Befragung 1996/1998. Potentiale und Dimensionen der Wissensgesellschaft – Auswirkungen auf Bildungsprozesse und Bildungsstrukturen. Integrierter Abschlussbericht. Selbstverlag, München

Quante, S. (2008): Was Kindern gut tut! – Handbuch der erlebnisorientierten Entspannung. 3. Aufl. borgmann, Dortmund

Radatz, S. (2008): Beraten ohne Ratschlag. Verlag Systemisches Management, Wien

Reichert-Garschhammer, E. (2009): Dialog auf Augenhöhe: Von der traditionellen Elternarbeit zur modernen Bildungspartnerschaft mit Eltern – Ein Wechsel zu echter Kooperation mit Eltern in Kindertageseinrichtungen und Schulen. Kinderzeit Heft 2, 2–14. Download unter http://www.kinderzeit.de/uploads/media/S.14–19.pdf (25.11.2010)

Rethorst, S. (2003): Der motorische Leistungsstand von 3- bis 7-jährigen – gestern und heute, Motorik 26 (3), 117–126

Rethorst, S., Fleig, P., Willimczik, K. (2008): Effekte motorischer Förderung im Kindergartenalter. In Schmidt, W. (Hrsg.): Zweiter Deutscher Kinder- und Jugendsportbericht. Schwerpunkt Kindheit, 237–254. Hofmann, Schorndorf

Robert Koch-Institut (2006): KIGGS – Studie zur Gesundheit von Kindern und Jugendlichen in Deutschland, http://www.kiggs.de/

Romaus, A. (2007): Münchner Armutsbericht 2007. Sozialreferat Landeshauptstadt München, http://www.muenchen.de/cms/prod2/mde/_de/rubriken/Rathaus/85_soz/sozplan/archiv/armutsbericht/armutsbericht2007.pdf (25.11.2010)

Rudow, B. (2004): Arbeitsbedingungen für Erzieher/innen. Hohe psychische Belastungen. Bildung und Wissenschaft 6, 6–13

Seibt; R., Khan, A., Thinschmidt, M., Dutschke, D., Weidhaas, J. (2005): Gesundheitsförderung und Arbeitsfähigkeit in Kindertagesstätten. Wirtschaftsverlag NW, Bremerhaven

Settertobulte, Wolfgang: Die AOK-Familienstudie 2010 – Routinen und Rituale fördern die Gesundheit der Kinder. AOK & Gesellschaft für angewandte Sozialforschung (GE-F-A-S), Gütersloh 2010, http://www.aok-bv.de/imperia/md/aokbv/presse/veranstaltungen/2010/familienstudie_2010_web.pdf (25.11.2010)

Stern, D. N. (2006): Tagebuch eines Babys. Was ein Kind sieht, spürt, fühlt und denkt. Piper, München

Sygusch, R.; Brehm, W.; Ungerer-Röhrich, U. (2003): Gesundheit und körperliche Aktivität bei Kindern und Jugendlichen. In: Schmidt, W., Hartmann-Tews, I., Brettschneider W.-D. (Hrsg.), Erster Deutscher Kinder- und Jugendsportbericht, 63–84. Hofmann, Schorndorf

Ungerer-Röhrich, U., Biemann, A., Eisenbarth, I., Popp, V., Quante, S.,. Thieme, I. (2006): Schatzsuche im Kindergarten – ein Blended-Learning-Seminar. www.schatzsuche.uni-bayreuth.de

Ungerer-Röhrich, U., Eisenbarth, I., Thieme, I., Quante, S., Popp, V., Biemann, A. (2007): Schatzsuche im Kindergarten – ein ressourcenorientierter Ansatz zur Förderung der Gesundheit und Bewegung. Motorik 30, 27–34

Wabitsch, M. (2004): Kinder und Jugendliche mit Adipositas in Deutschland. Aufruf zum Handeln. Bundesgesundheitsblatt – Gesundheitsforschung – Gesundheitsschutz 47 (3), 251–255

WHO (1986): Ottawa-Charta zur Gesundheitsförderung. Erste internationale Konferenz zur Gesundheitsförderung am 21.11.1986 in Ottawa. Download unter http://www.who.int/hpr/NPH/docs/ottawa_charter_hp.pdf (Originalversion) (25.11.2010) und bei vielen Fachinstitutionen auch auf Deutsch

WHO (2008): The World Health Report 2008 – Primary Health Care (Now More Than Ever). http://www.who.int/whr/2008/whr08_en.pdf (25.11.2010)

Zimmer, R. (2006): Alles über den Bewegungskindergarten. Herder, Freiburg

Zimmer, R. (2007): Toben macht schlau. Bewegung statt Verkopfung. Herder, Freiburg

Lesetipps

Bappert, S., Bork, C., Chounard, D., Dreher-Mansur, S., Horn, A., Kromer, R. (2004): Bewegung, Spiel und Sport im Vorschulalter. Erfahren und Begreifen durch Spielen und Sich-Bewegen. Bräuer, Weilheim/Teck (zu bestellen über Landessportverbund Baden-Württemberg e. V.)

Bös, K. (2003): Motorische Leistungsfähigkeit von Kindern und Jugendlichen. In: Schmidt, W., Hartmann-Tews, I., Brettschneider, W.-D. (Hrsg.). Erster Deutscher Kinder- und Jugendsportbericht, 85–107. Hofmann, Schorndorf

Dordel, S., Kunz, T. (2005): Bewegung und Kinderunfälle – Chancen motorischer Förderung zur Prävention von Kinderunfällen. Bundesverband der Unfallkassen, München

Quante, S. (2008): Was Kindern gut tut! – Handbuch der erlebnisorientierten Entspannung. 3. unveränd. Auf. borgmann: Dortmund

Zimmer, R. (2006): Alles über den Bewegungskindergarten. Herder, Freiburg

Zimmer, R. (2007): Toben macht schlau. Bewegung statt Verkopfung. Herder, Freiburg

Service

Hier finden Sie weitere Informationen:

Gesunde Kitas – starke Kinder – Ganzheitliche Gesundheits- und Bildungsförderung in Kitas. Einführung und Arbeitshilfe für pädagogische Fachkräfte. http://www.ernaehrung-und-bewegung.de/fileadmin/media/Peb-Aktivit%C3%A4ten/385_309_Arbeitshilfe.pdf (25.11.2010)

Tipps zur Zusammensetzung von Mahlzeiten und Lebensmittelmengen für Kinder in Tageseinrichtungen erhalten Sie hier:

- Deutsche Gesellschaft für Ernährung – DGE (Hrsg.) Qualitätsstandards für die Verpflegung in Tageseinrichtungen für Kinder. DGE, Bonn 2009
- aid infodienst Verbraucherschutz, Ernährung, Landwirtschaft e. V., Deutsche Gesellschaft für Ernährung e. V. (Hrsg.). Essen und trinken in Tageseinrichtungen für Kinder (Optimix-Ordner). 2. Aufl. 2006. Auch sehr gute didaktische Materialien zur Ernährungsbildung in der Kita oder zur Elternarbeit wie zum Beispiel die aid-Ernährungspyramide, Spiele dazu, Kassetten oder Lieder zur Ernährung (www.aid.de).

Verzeichnis der Autorinnen und Autoren

Klaus Bös leitet das Institut für Sport und Sportwissenschaft des Karlsruher Instituts für Technologie (KIT) und ist Dekan der Fakultät für Geistes- und Sozialwissenschaften. Seine Forschungsschwerpunkte sind Motorik, Bewegungsforschung, Entwicklung und Evaluation von Diagnoseverfahren sowie Sport und Gesundheit im Kindesalter.

Mirko Eichner ist Diplomsoziologe und PR-Berater und seit 2006 als Referent u. a. in den Bereichen Öffentlichkeitsarbeit, Projektentwicklung sowie Gremienarbeit für die Plattform Ernährung und Bewegung tätig. Er begleitet von Seiten der Geschäftsstelle das Projekt „Gesunde Kitas – starke Kinder“ und ist als Vater von drei Kindern mit der Elternarbeit in Kitas auch im Alltag vertraut.

Dorle Grünewald-Funk ist Diplom-Oecotrophologin, Autorin und Redakteurin mit dem Themenschwerpunkt Gesundheitsförderung. Außerdem ist sie Autorin zahlreicher Veröffentlichungen zu Kinderernährung und Prävention von ernährungsabhängigen Erkrankungen. Sie berät Kindertageseinrichtungen, um die Qualität ihrer Verpflegung zu verbessern und das Personal fortzubilden.

Ruth Hammerbacher ist Diplom-Soziologin und Geschäftsführerin der hammerbacher gmbh beratung & projekte, selbstständige Beraterin und Moderatorin mit Erfahrungen als sozialwissenschaftliche Mitarbeiterin in Forschungsprojekten, Kommunal- und Landesparlamentarierin und Bundespolitikerin. Sie hat die Plattform Ernährung und Bewegung von Anfang an begleitet und die Projektentwicklung und Projektsteuerung für „Gesunde Kitas – starke Kinder“ übernommen.

Marfa John ist Fachbereichsleiterin der Kinderkrippen München-West in der Abteilung Kindertagesbetreuung des Münchner Sozialreferats. Dienst- und Fachaufsicht über neun Kinderkrippen mit übergreifenden Schwerpunkten, wie Gesundheitsförderung, Sprache als Werkzeug der Kommunikation und Evaluation der pädagogischen Arbeit. Sie ist Erzieherin, Bildungs- und Sozialmanagerin B.A., Supervisorin (DGSv), zurzeit Studium „Master of Evaluation“ an der Universität des Saarlandes.

Susanne Krug (geb. Bappert) ist Sportwissenschaftlerin und Mitarbeiterin am Robert Koch-Institut. Zuvor arbeitete sie als Assistentin bei Klaus Bös am Institut für Sport und Sportwissenschaft des Karlsruher Instituts für Technologie (KIT). Ihre Forschungsaufgaben sind die motorische Entwicklung im Vorschulalter sowie Bewegung und Gesundheit im Kinder- und Jugendalter. Aufgrund ihrer Projekttätigkeiten besucht sie die Kitas auch vor Ort und betreut in ihrer Freizeit im Verein eine Gruppe von Vorschulkindern.

Antje Meißner-Trautwein ist Diplom-Pädagogin, Gründungsmitglied des Instituts bildung:elementar und anerkannte Fortbildungsreferentin des Landes Sachsen-Anhalt; Tätigkeit als systemischer Coach und pädagogische Leiterin bei BUK e.V. Halle; wissenschaftliche Beraterin in diversen Modellprojekten z.B. „bildung:elementar – Bildung von Anfang an" und Beraterin für Familienzentren nach dem Early Excellence Ansatz.

Ilka Pfütze ist Gymnasiallehrerin für Sport und Englisch; Referentin für ganzheitliche Gesundheitsförderung, Bewegung und Entspannung; Coaching und Beratung von Kita-Teams sowie konzeptionelle Mitwirkung bei gesundheitsfördernden Projekten. Sie hat langjährige Erfahrungen als Kursleiterin und Ausbilderin im Bereich Bewegung mit Kindern und Erwachsenen; Forschungstätigkeit zur Auswirkung von motorischer Förderung auf Motorik, Konzentration und visuelle Wahrnehmung bei Kita-Kindern.

Sonja Quante ist Diplom-Pädagogin und wissenschaftliche Mitarbeiterin am Institut für Sportwissenschaft der Universität Bayreuth. Sie ist Mitglied im Lehrteam I'B'P' Gröbenzell (Zusatzqualifikation Psychomotorik) und freiberufliche Referentin und Autorin. Als systematischer Coach begleitet und berät sie Kita-Teams und Leitungskräfte.

Eva Reichert-Garschhammer ist Juristin und Abteilungsleiterin im Staatsinstitut für Frühpädagogik in München. Zu ihren Arbeitsschwerpunkten zählen die Entwicklung, Implementierung und Fortschreibung der Bildungspläne von Bayern und Hessen. Sie war aktiv beteiligt am peb-Projekt „Gesunde Kitas – starke Kinder" und wurde in die von peb eingesetzte projektbegleitende Beratergruppe berufen.

Wolfgang Tietze ist Professor em. für Erziehungswissenschaft mit dem Schwerpunkt Kleinkindpädagogik an der Freien Universität Berlin. Zu seinen Forschungsschwerpunkten gehören Fragen der Feststellung, Entwicklung und Sicherung pädagogischer Qualität in Kindertageseinrichtungen sowie der internationale Vergleich. Er ist Geschäftsführer des Forschungs- und Entwicklungsinstituts PädQUIS gGmbH.

Ulrike Ungerer-Röhrich ist Diplom Sportlehrerin und Diplom Psychologin. Sie ist Professorin am Institut für Sportwissenschaft der Universität Bayreuth. Ihre Arbeitsschwerpunkte sind Sportpsychologie und Sportpädagogik – Bildung und Bewegung im Elementarbereich, Gesundheitsförderung in Kindergarten und Schule, Bewegte Schule, Qualifikation durch E-Learning, Systemische und ressourcenorientierte Konzepte im Coaching und in Therapie und Rehabilitation.

Sabina Wesling ist Diplom-Oecotrophologin mit dem Themenschwerpunkt emotionale und soziale Kompetenzen, außerdem Trainerin für Persönlichkeitsentwicklung, Konstruktive Konfliktbearbeitung und Validation. Als Trainerin für entwicklungsorientierte Primärprävention arbeitet sie im Projekt NRW, schult, coacht und berät Kita-Teams. Daneben ist sie freiberufliche Referentin für ganzheitliche Gesundheitsförderung und Validation im Bildungs- und Gesundheitsbereich.

Susanne Wolf ist Sportpädagogin und wissenschaftliche Mitarbeiterin am Institut für Sportwissenschaft der Universität Bayreuth. Daneben arbeitet sie freiberuflich als Referentin und ist Dozentin für kreativen Kindertanz und Entspannung.